La enseñanza de la historia en la universidad no tiene quien le escriba

Roberto Fernández

La enseñanza de la historia en la universidad no tiene quien le escriba

Granada, 2024

A José Luis Gómez Urdañez, que tanto amaba enseñar historia. In memoriam.

A mi maestro Carlos Martínez Shaw, que me mostró el valor social de la historia.

A Xavier Grau, con quien tanta pasión comparto por la Universidad.

Ya deba estudiarse el libro de texto o las notas de clase, la resultante es una instrucción mecánica, en que se da todo el trabajo en forma de resultados, se obliga al alumno a que aprenda de memoria hechos cuya verdad descansa en la palabra del profesor o del autor, y no se procura despertar en él la facultad crítica, ni el problema de los orígenes y modo de formación de aquellos conocimientos.

RAFAEL ALTAMIRA,
La enseñanza de la Historia, 1895.

Los buenos profesores, los que
prenden fuego en las almas nacientes
de sus alumnos, son tal vez más escasos
que los artistas virtuosos y los sabios.

GEORGE STEINER,
Lecciones de los maestros, 2016.

En las últimas décadas, la historia y su enseñanza ha experimentado una importante evolución en su configuración como disciplina científico-académica. La tendencia general, que muchos hemos venido defendiendo desde hace años, ha sido la de considerarla como una ciencia social que sirva para educar la conciencia colectiva de los ciudadanos, así como para reconocer e identificar las raíces sociales, políticas y culturales de las diferentes naciones, priorizando una historia común, intentando evitar manipulaciones del conocimiento del pasado y excluyendo el fomento de posiciones xenófobas.

JOAQUÍN PRATS,
Combates por la historia en educación, 2016

ALGUIEN PODRÍA PENSAR AL LEER ESTE ESCRITO «a buenas horas, mangas verdes». Y tendría razón. Por eso, para que el presente texto no sea interpretado como deshonesto, quiero empezar confesando a quienes tengan la amabilidad de leerlo que se trata en realidad de un «mea culpa». Lo es en el sentido de que la mayor parte de las situaciones que enuncio en cuanto a la falta de interés por la didáctica de la historia en la universidad me son directamente imputables. A lo largo de mi dilatada trayectoria, reconozco haber sido un profesor que ha vivido convencido de su «éxito» docente (encuestas estudiantiles, sensaciones positivas en las aulas, opiniones particulares) y por ello sin un mayor interés por perfeccionar mi actividad enseñante mediante un diálogo con la didáctica. Es algo de lo que me arrepiento porque estoy ahora muy convencido de que hubiera rendido mucho más en mi tarea académica en beneficio de los miles de alumnos que han cursado mis asignaturas. Por eso, si bien el escribir esta modesta contribución no me exonera de mis responsabilidades pasadas, el ponerla en público tiene al menos la intención de decirle a mis queridos colegas los enormes beneficios que les reportará que no sigan mi erróneo ejemplo[1]. Vamos con el empeño.

Hace casi cuarenta años, con el arrojo propio de un joven profesor universitario, escribí para la revista *Manuscrits* un artículo de combate que se titulaba: «La didáctica de la historia en la universidad: el reino de la nada»[2]. ¿Exageraría si en el actual año de

1. Al respecto de esta cuestión del «éxito» docente como inconveniente para la mejora docente Cf. Agustín de Herrán, Isabel González, *El ego docente, punto ciego de la enseñanza, el desarrollo profesional y la formación del profesorado*. Madrid, 2000.

2. Roberto Fernández, «La didáctica de la historia en la universidad: El reino de la nada», *Manuscrits*, 2 (1985), pp. 145-165. El presente artículo

2024 siguiera afirmando que la didáctica de la enseñanza de la historia en la universidad continúa siendo el reino de la nada? En el caso del mundo universitario, creo que desgraciadamente, en términos generales es posible continuar manteniendo casi la misma aseveración. Todo lo mucho y bien que ha mejorado de forma exponencial la puesta al día en cuanto a teoría y metodología historiográfica por parte de la comunidad

---

es el resultado ampliado de la conferencia de clausura que impartí el 17 de mayo de 2023 en las jornadas organizadas por el Departamento de Historia Moderna y Contemporánea de la Universitat Autònoma de Barcelona acerca de la problemática de la enseñanza de la historia en la universidad. Deseo aprovechar la ocasión para agradecer la invitación y felicitar por esta necesaria iniciativa al departamento, y muy especialmente a mi gran amigo y colega José Luis Betrán. En este sentido creo que debe ser destacado también el *Seminario sobre Didáctica de la Historia Moderna* celebrado en la Universidad del País Vasco el 19 de marzo de 2021.

de historiadores hispanos, prácticamente no ha tenido su correlato respecto a las formas de enseñar historia en la Academia[3].

Eso no significa, por supuesto, que no exista preocupación alguna por parte de los profesores universitarios de historia en mejorar su enseñanza. Ni que en las guías docentes de cada asignatura de los diversos grados de Historia no pueda detectarse cierto interés por delimitar objetivos de aprendizaje a través de enumerar las competencias gene-

3. Hace una década Joaquim Prats y Rafael Valls, dos de los mejores expertos hispanos en didáctica de la historia, reconocían que «Puede decirse, como conclusión, que el área de la didáctica de la historia en el seno de la universidad y del sistema educativo es, todavía, un colectivo con más posibilidades que realidades» Joaquín Prats y Rafael Valls, «La didáctica de la historia en España. Estado reciente de la cuestión», *Didáctica de las ciencias experimentales y sociales*, 25 (2011), pp. 17-35. Cf. también, Olga Duarte Piña, «La enseñanza de la Historia: innovación y continuidad desde Rafael Altamira», *Revista española de Pedagogía*, 76 (269), 2018, pp. 141-155.

rales o específicas que se desea que los alumnos alcancen[4]. Ni tampoco supone, desde

4.   Mediante las guías docentes consultadas en cinco universidades elegidas al azar (Complutense, Sevilla, Valencia, Cantabria y Santiago de Compostela), se puede formular la hipótesis de que todo indica que se suelen seguir las directrices legales respecto a los objetivos de aprendizaje y que, por tanto, muchas de ellas son muy semejantes, formalizadas y algo estereotipadas en cuanto a competencias generales y específicas, aunque desde luego debemos reconocer que sobre una misma materia, la historia, es muy comprensible que las diferencias no puedan ser muy significativas. También debemos formular otra hipótesis que dicta que una cosa es lo que se pone en los papeles oficiales de las guías y otra no siempre coincidente los comportamientos didácticos reales del profesorado en sus clases. Con todo, sería muy interesante hacer un estudio sistemático de las guías para poder confirmar estas hipótesis señalando los lugares comunes y las diferencias, así como evaluando las propuestas didácticas que se defienden y los objetivos de aprendizaje que se señalan. Una posible línea a seguir es la realizada por el profesor Bernat Hernández en el seminario de la Universitat Autònoma de Barcelona arriba mencionado analizando numerosas guías del Grado de Historia de

luego, que no haya individuos que se hayan ocupado en proponer algunas experiencias didácticas nuevas para sus asignaturas o incluso para sus áreas de conocimiento. Hay en ese sentido un pequeño acervo de meritorias contribuciones que sin duda honran a los pioneros que las han llevado a cabo[5].

---

su Facultad («Fortaleses i debilitats didàctiques del grau de Història»).

5.   Cf. Juan Manuel Santana, «Didáctica de la historia», *Boletín Millares Carlo*, 18 (1999), pp. 423-432. Son también de destacar los diversos trabajos realizados por Xerardo Agrafoxo sobre la didáctica de las diversas épocas históricas de Galicia. Y especialmente digna de mención la iniciativa *Modernalia* dirigida por Francisco García González en la Universidad de Castilla-La Mancha, una muy interesante iniciativa para aumentar los recursos didácticos en la enseñanza de la historia moderna. Asimismo, aunque no se refieran a la universitaria, son muy meritorios los diversos seminarios y los cuatro congresos celebrados hasta ahora entre 2014 y 2022 (los tres últimos con actas publicadas) acerca de la docencia de la historia moderna en la educación secundaria. Cf, por ejemplo, Francisco García, Cosme J. Gómez, Ramón Cózar y Pedro Martínez (coords.), *La historia*

Sin embargo, es preceptivo empezar afirmando que no existe una intención colegiada de una parte significativa de los docentes universitarios de historia por ponerse manos a la obra y emplearse de manera sistemática, rigurosa, con fundamentos teóricos solventes y con propuestas prácticas experimentadas y contrastadas en la didáctica de la enseñanza de la historia universitaria. Por lo tanto, debemos comenzar admitiendo la difícil tarea que representa reflexionar sobre lo que existe de una manera tan precaria y

---

moderna en la enseñanza secundaria, Cuenca, 2020 y también el dossier de la revista *Studia Histórica. Historia Moderna*, vol. 45, 1 (2023) titulado ¿Por qué y para qué enseñar historia moderna?, con especial atención para los temas aquí tratados en el artículo de Cosme J. Gómez Carrasco «¿Por qué y para qué enseñar historia moderna? Reflexiones epistemológicas y propuestas internacionales», pp. 7-42. Aunque por fortuna cada vez son más numerosos los grupos de investigación que abordan la didáctica de la historia, en su inmensa mayoría no centran su atención en la enseñanza de la historia en la universidad.

desestructurada, señalando al mismo tiempo que el hecho mismo de su parca presencia resulta revelador de la situación de la docencia de la historia dentro de la propia institución universitaria. Dicho de otro modo, la didáctica de la historia continúa siendo en gran medida el «reino de la nada» en la universidad española, tanto si hablamos de la que tendrían que aplicar los profesores en la impartición de sus asignaturas como aquella que se debería enseñar a nuestros estudiantes para sus menesteres profesionales en los distintos niveles educativos en el día de mañana. O sea: la realidad continúa siendo, cuatro décadas después, que la didáctica de la historia en la universidad (casi) no tiene quien le escriba. Y eso resulta una lacerante realidad en un contexto en el que desde hace más de veinte años ha habido un notable auge por la preocupación y la reflexión sobre la tarea docente del profesor universitario[6].

6.   Digamos que en el caso de las ocho universidades públicas catalanas esa preocupación ha

Como decía, hemos perfeccionado mucho nuestros contenidos y ganado en profundidad teórica y metodológica, pero continuamos viviendo en la indigencia didáctica. Seguimos anclados en un empirismo a ultranza, comandado por la clase magistral como eje vertebrador, una veterana práctica docente de la que me proclamo un decidido

---

tenido un canal de expresión privilegiado desde el año 2000 en la actividad bianual de los CIDUI, que se ha desarrollado en diez congresos internacionales y en varios simposios, conferencias y talleres en los que han participado una gran cantidad de profesores abordando los diversos temas de la docencia universitaria. Meritorias actividades de análisis y proposición en las que revisando las diversas actas publicadas se puede constatar que han estado prácticamente ausente las cuestiones referidas a la enseñanza de la historia Cf. Salvador Carrasco e Ignacio de Corral (coords.), *Docencia universitaria e innovación. Evolución y retos a través de los CIDUI,* Barcelona, 2018; José Emilio Palomero, «Breve historia de la formación psicopedagógica del profesorado universitario en España», *Revista Interuniversitaria de Formación del Profesorado,* 17(2), (2003), pp. 21-41.

defensor cuando son realmente «magistrales» y bien ejercidas. Clases magistrales teóricas que, si bien es cierto que a partir de Bolonia han tenido que ir acompañadas de un incremento de las clases prácticas, es defendible decir que tampoco estas últimas siempre se ejecutan con la mejor de las destrezas precisamente por falta de la adecuada pericia didáctica. Un mero empirismo, digo, en el que cada profesor hace lo que le dicta su experiencia propia, su intuición docente y su propio entusiasmo cuando lo tiene. Es decir, pura formación autodidacta en muchos casos derivada de la imitación de la docencia que hemos visto en nuestros mejores maestros.

Continuamos sumidos, pues, en una evidente falta de formalizada preparación pedagógica del profesorado universitario dedicado a la enseñanza de la historia tanto en el caso de los veteranos con numerosos quinquenios de docencia a sus espaldas como en referencia a las escasas hornadas jóvenes que se van incorporando. Unas noveles incorporaciones que, por cierto, se han tenido que hacer en su mayoría pervirtiendo la categoría del profesor asociado (falso asociado, en términos comúnmente conocidos) que ha venido a constituir una especie de lumpen-proletariado docente que casi paga por dar clases y que los rectores (me incluyo, por tanto) no supimos combatir con la energía política que hubiera sido necesaria para el bien institucional.

De tener alguna razón en lo anterior, ¿cómo pensar entonces sobre la didáctica en la enseñanza de la historia entre el profesorado universitario cuando es evidente a todas luces que no hay una reflexión acerca de su necesidad y de sus posibilidades ni mucho menos propuestas rigurosas de innovación para ser experimentadas en las aulas universitarias de historia? Una didáctica de la historia que a su vez está también plenamente ausente en los planes de estudios de Historia en los cuales no ofrecemos ninguna preparación a nuestros alumnos para un eventual ejercicio futuro de la docencia (por cierto, la proyección profesional mayoritaria de los egresados de historia), confiándolo todo a los Máster de Formación del Profesorado para Secundaria en los que, en el mejor de los casos, suele haber entre ocho y doce créditos (según las universidades) dedicados específicamente a la didáctica de la historia, y en cambio hay muchos más créditos impartidos por pedagogos y psicólogos que, generalmente, no poseen ninguna experiencia profesional como historiadores ni como docentes en las etapas de la educación secundaria. O sea, que sobre el oficio que la mayoría de nuestros graduados podrán ejercer si tienen suerte y ponen empeño en ello, la comunidad universitaria de historia está prácticamente silente[7].

7.   Advierto al lector que en el presente artículo no abordo más que la didáctica en el grado de Historia sin ocuparme de la enseñanza en las diversas maestrías especializadas ni doctorados que tienen otro tipo de público estudiantil, que se efectúan en otro momento de madurez del alumnado, con unas perspectivas

Y ante esta realidad ¿qué hacer? Pues lo primero que se me ocurre es denunciar esta clamorosa ausencia al tiempo que reflexionamos sobre el porqué de la misma. Una nociva carencia que, a mi juicio, por desgracia, no ha podido ser superada con la reciente creación y consolidación desde principios del presente siglo de un área de conocimiento denominada «Didáctica de las Ciencias Sociales» en las Facultades de Educación donde ha quedado incluida la didáctica de la historia[8]. Gremio novel de notables

profesionales más definidas y que, además, no son actividades obligatorias más que para quienes deseen hacer carrera investigadora. Ni tampoco me ocupo de la enseñanza on-line, que tiene a su vez una metodología sustancialmente distinta a la docencia presencial.

8.   Joaquín Prats, «Historia y epistemología de las ciencias. Hacia una definición de la investigación didáctica de las ciencias sociales. *Enseñanza de las ciencias sociales*, 1 (2002), 81-89; «La situazione attuale della Didattica della Storia in Spagna». *Didattica della storia–Journal of Research and Didactics of History*, 2(1S), 2020, pp. 8-30.

estudiosos y en plena etapa de maduración y consolidación académica, que ha dedicado la mayor parte de su producción investigadora a la didáctica de la historia en la educación primaria y secundaria, pero que ha invertido escasos afanes en la enseñanza de la historia en la universidad. Un novel cuerpo universitario de profesorado e investigadores que, además, según afirmaba hace poco tiempo uno de los principales fundadores de esta área de conocimiento, Joaquín Prats, no han sido demasiadas las experiencias de trabajo conjunto desarrolladas con los enseñantes de esos dos niveles educativos[9].

Desde luego que no quisiera que se interpretara que responsabilizo a dichos colegas de esta merma tan injustificada y perjudicial. Si hay que señalar responsabilidades la primera estaría en el propio cuerpo docente de enseñantes universitarios de historia.

9. Joaquín Prats, «Didáctica de la historia en secundaria y en la universidad. Dos mundos que viven de espaldas», *Íber,* 100 (2020), pp. 10-14.

Simplemente digo que con su pericia en didáctica sería muy positivo que se ocuparan también con mayor profusión de la que se imparte en la Universidad. Pero una cosa es hablar de responsabilidades (individuales o colectivas) y otra de causas objetivas que ayudan a explicar (que no a justificar) a las primeras. Es evidente que no podemos señalar una sola causa. Sabemos bien los científicos sociales que buscar la explicación de un fenómeno social de modo unicausal es algo condenado al fracaso. Eso no significa que no exista una priorización e incluso que una de las causas no pueda ser considerada la de más densidad y mayor entidad en cuanto a su trascendencia.

Pienso que no voy demasiado errado si afirmo que la causa principal y con mayor peso en referencia a la falta de reflexión sobre la práctica de la enseñanza de la historia en la docencia universitaria, es que su profesorado tiene muy escasos incentivos para dedicarse a estos menesteres en el momento de con-seguir su incorporación a la vida académica y tampoco para su posterior consolidación y ascenso dentro de ella. En la trayectoria curricular que debe construir para su promoción, muy pocos son los alicientes que le impulsan a ocuparse con rigor e intensidad en formarse o mejorar su actividad docente. No es desde luego una cosa nueva en España, pues las didácticas de las diversas disciplinas han sido siempre algo muy marginal en cada comunidad científica[10]. En el caso de la historia también. Y siento opinar que la probabilidad de que esto cambie en los próximos tiempos la considero bastante baja, entre otras cosas porque es bien sabido que en el caso de las universidades públicas la reiterada y comprobada falta de calidad docente de un académico no tiene consecuencias profesionales de verdadera trascendencia. Aunque por mantener con algo de vida a la esperanza, quizá la nueva

10. Agustín de la Herrán, «Didáctica universitaria: la cara dura de la universidad», *Tendencias Pedagógicas*, 6 (2001), pp. 11-38.

normativa universitaria que habla de la formación docente (inicial y permanente) pudiera tener un efecto benéfico, a condición, claro está, de que no se convierta en la práctica en un mero trámite «legal-formal» para formar parte del cuerpo claustral[11].

No obstante, en la actualidad, todos conocemos de sobras como se efectúa la incorporación de un profesor en la vida universitaria y el menor peso que tienen en las diferentes etapas académicas los méritos docentes y aún menos los esfuerzos dedicados

11.   En efecto, la LOSU dispone en su artículo 67 que «Las universidades velarán por la formación docente inicial de su profesorado. Asimismo, establecerán planes de formación inicial y de formación a lo largo de la vida que garanticen la mejora profesional de su personal docente e investigador, en los distintos ámbitos de especialización de la actividad universitaria, en el marco de la planificación estratégica y de las prioridades de las propias universidades en materia de formación». Sería por supuesto una excelente noticia que esta necesaria disposición se convirtiese en una efectiva realidad académica.

a la renovación didáctica. Y no solo eso, sino que los méritos docentes que se exigen para ser acreditados son en su inmensa mayor parte de carácter cuantitativo y no cualitativo[12]. Se demanda «experiencia docente» que consiste en haber dado un número de horas de clase, pero la calidad didáctica de dicha «experiencia» no tiene prácticamente ninguna comprobación mínimamente rigurosa y fiable[13]. De hecho, puede ser acreditado

12.   También especifica la LOSU en su artículo 71 que «La experiencia docente y la experiencia investigadora, incluyendo la de transferencia e intercambio del conocimiento, tendrán una consideración *análoga* en los criterios de valoración de los méritos a considerar por las universidades». Sería de desear que esa referencia a que sean «análogos» fuera realidad y además que no resultara solo cuantitativa.

13.   Esto afecta al conjunto de las acreditaciones desde el profesor contratado doctor hasta la de catedrático. Si tomamos como ejemplo la primera categoría, las exigencias actuales de acreditación de la ANECA son: 60 puntos máximo para investigación, 30 para «experiencia docente», exigiendo que entre los dos conceptos sumen al menos 50 puntos (y 55

un profesor manifiestamente incompetente en su docencia porque nadie comprueba fácticamente la calidad de la misma en el momento de ser acreditado. Y tampoco suelen hacerlo después las universidades, bien porque son candidatos que ya conocen por pertenecer a su propio claustro (con lo cual suponen —o quieren suponer— su

en el total de conceptos) para ser acreditado. Y en el caso de la docencia lo fundamental es tener 450 horas de clases regladas a lo que se añade como factores sumandos 3 puntos por la evaluación docente, 3 puntos por formación docente y 7 puntos por publicaciones o proyectos de innovación docente. Como se puede apreciar, la valoración cuantitativa de la docencia es menor que la de la investigación y, además, la ponderación cualitativa de la actividad docente del candidato brilla por su ausencia. Y en el caso de las categorías de titular o catedrático ninguna referencia se hace a la docencia si no he leído incorrectamente las actuales disposiciones. De cualquier modo, sería necesario hacer un estudio sistemático y comparativo de los criterios por cada categoría de profesorado de las once agencias de evaluación que hay en España (una estatal y diez autonómicas).

calidad docente) o bien porque estando ya acreditados piensan que nada más hay que comprobar respecto a su docencia[14].

Creo que no hace falta insistir más en algo que todo sabemos: ni las universidades cuando aceptan profesorado joven a través de la categoría viciada del profesorado

14. La mayoría de universidades públicas contrastan las opiniones de sus estudiantes respecto a sus profesores a través de encuestas anónimas anuales y por asignatura. Es esta una práctica loable que sin embargo adolece de su carácter muy genérico, más predispuestas para realizar medianas estadísticas que valoraciones cualitativas y que suelen tener una nula repercusión en el caso de que sean reiteradamente negativas para un profesor en particular. Una reformulación de las mismas y de sus consecuencias profesionales podrían ser un elemento de valoración del profesorado que le estimulara a su mejora docente. Recordemos en cuanto a la satisfacción de los alumnos que una encuesta de la Asociación Espacios de Educación Superior (ESdeES) realizada en este mismo año, concluye que el 40% de los encuestados de las universidades privadas están contentos con la docencia por solo un 11% de las públicas.

asociado o de la cada vez más menguante de ayudante, ni las diversas acreditaciones de carácter autonómico o estatal para categorías superiores, evalúan con la debida propiedad si un docente está adecuadamente preparado para dar clases en la universidad y si la eficacia de su tarea en las aulas está bien contrastada. El control de calidad de la enseñanza de la historia en la universidad duerme el sueño de los justos. Es como si, incomprensiblemente, la preparación y eficiencia docente de quien va a impartir clases se diera por supuesta y no precisara demostración alguna. Se puede uno acreditar para pertenecer al claustro universitario sin una comprobación rigurosa y fiable de su capacidad docente. Se puede contratar a alguien que durante decenas de años estará delante de miles de alumnos sin una certeza razonablemente verificada de que será un buen profesional de la enseñanza y no alguien que va a desmotivar al alumnado con sus clases. Alguien que va a crear vocaciones entre los estudiantes y que no los va a desalentar con sus impericias docentes. Es más, una prueba indirecta de lo afirmado está en la concesión de los llamados tramos de docencia, que son una forma de complemento salarial amparado en una supuesta comprobación de la calidad docente del profesorado que tiene la característica básica de ser un control más bien mecánico, cuantitativo y burocrático que el profesorado suele tomarse más bien como un farragoso trámite administrativo que hay que «soportar» por sus benéficas consecuencias económicas para el peticionario.

No es fácil explicar el porqué de esta funesta y persistente ausencia institucional en cuanto a un mayor fomento y control de la calidad de la enseñanza en el profesorado universitario tanto novel como consolidado, cuestión ante la cual es bien verdad que debe reconocerse desde luego su intrínseca dificultad. En cierto modo, creo que la raíz de todo ello podría acaso situarse en la creación y aceptación de un modelo humboldtiano de universidad en el que la investigación se considera el centro nodal y en el que se piensa que la docencia de los profesores-investigadores será de suyo necesariamente de calidad a través de un instrumento central que es la clase magistral del profesor-investigador. Desde esta cosmovisión universitaria, el profesorado universitario debe nutrirse de expertos investigadores a los que se les supone su capacidad «natural» de maestría para trasmitir adecuadamente sus conocimientos a los estudiantes-discípulos. Observemos al respecto algo que se me antoja muy significativo: existe una organización académica articulada alrededor de equipos de investigación que se considera central en la vida universitaria y en cambio existe una clamorosa ausencia de equipos dedicados a la docencia. Existe una gran cultura de la investigación, pero la intensidad de la cultura docente es mucho más débil y secundaria. Eso significa que hace falta, en buena medida, que el profesor universitario también acepte y cultive su «identidad» como docente.

Ahora bien, esta concepción, por tantas cosas positiva, contiene de suyo dos importantes problemáticas. La primera es que si bien en la teoría las funciones del académico se conciben como duales (investigación y docencia), en la realidad práctica la primera manda curricularmente sobre la segunda porque casi se da por supuesto que el gran investigador es un gran docente (o al menos un docente «suficiente»). Y la segunda es que, precisamente, parece bien contrastado que la calidad como investigador no asegura la calidad como docente, ni tampoco viceversa. Eso es algo que todos sabemos por experiencia acumulada. El ideal está claro: maestría en la investigación, maestría en la docencia. Pero comoquiera que son dos actividades diversas del intelecto con dos tipos de práctica distinta para dos objetivos diferentes, lo cierto y verdad es que la disonancia entre lo uno y lo otro no es inusual en nuestra universidad. Producir ciencia es dar un nuevo conocimiento de la realidad a través de un determinado método que una vez validado por la comunidad científica llamamos por antonomasia el Método Científico. Y quien ejerce este imprescindible oficio para la humanidad debe disponer de una serie de características específicas en cuanto a carácter, habilidades y competencias. Por su parte, impartir enseñanza universitaria es trasmitir los conocimientos adquiridos por la ciencia sobre una determinada parcela de la realidad para permitir a las personas crecer en su capacidad intelectual y profesional, así como para aumentar el capital social de una comunidad entendiéndose que entonces estará en mejores condiciones de labrar el individuo su propio destino social y la ciudadanía un mejor destino colectivo. Y para impartir la enseñanza se requiere poseer una personalidad y una serie de habilidades y competencias que son específicas de esa actividad.

Así pues, las habilidades y competencias para las distintas funciones del científico y del enseñante ni son idénticas ni muchas veces las posee (de forma natural y/o adquirida) la misma persona con igual intensidad, destreza y eficiencia. Es de simple sentido común: el oficio de investigar no es el oficio de enseñar pues ambos tienen su propio *ethos*. Y aunque es cierto que ambos quehaceres pueden alimentarse mutuamente y que hay pericias que pueden ser comunes, se requieren para cada una de esas funciones procesos de formación profesional distintos y particulares[15]. ¿Hay en nuestra universidad profesorado capaz de aunar las dos tareas de manera exitosa? La respuesta es por supuesto afirmativa. Pero también hay una nada despreciable cantidad que no tienen una fácil compatibilidad para los dos cometidos. Dicho en breve: no son pocos quienes solo deberían estar en centros de investigación y no son menos los que siendo adecuados docentes van dejando la investigación relegada una vez conseguida la mínima promoción y

15. Cf. Miguel Ángel Zabalza, *Competencias didácticas del profesorado universitario. Diseño curricular en la universidad*, Madrid, 2003.

estabilidad universitaria. Y ello a pesar de los estimuladores tramos de investigación. En suma, no son escasos el profesorado que dominando la materia histórica no domina con la misma pericia y eficacia el cómo enseñarla.

No es esta una realidad específica de España, sino de ámbito más general. Pero ello no justifica que en nuestro caso no tengamos que replantearnos críticamente nuestros modos de incorporación, consolidación y promoción del profesorado en las universidades públicas españolas sobre la base de revalorizar la importancia de su tarea docente. Un profesional de la docencia con escasas dotes personales, poco motivado, poco preparado y rutinario, lo sufren miles de estudiantes a lo largo de todos los años de su trayectoria. La vocación académica no siempre es dual y no falta profesorado al que le duele el alma cuando tienen que impartir una clase ante más de diez alumnos. Profesorado al que, en el fondo, la docencia les resulta un mundo hostil, un cáliz que hay que pasar si se quiere tener un puesto de trabajo estable para investigar. Las consecuencias sociales de una mala selección del profesorado en historia al no comprobar sus cualidades docentes son más que notables para quienes las quieran ver. Y esta afirmación vale por supuesto para cualquier otra materia universitaria.

Tanto es así que a veces tengo la sensación de que a lo mejor deberíamos tener una universidad en la que, aspirando como ideal a que cada profesor sea a la vez investigador y docente, reserváramos esta última tarea a quienes demostraran realmente su capacidad para realizarla con vocación y destreza. Quizá con ello podríamos combatir razonablemente esa opinión estudiantil, más común de lo deseable, que reza: ¡sabe mucho, pero no sabe explicarlo! Y también que ante esta realidad nada inusual aceptáramos que si no sabe explicar o bien se le ayuda a que lo aprenda a realizar (en el caso de que esté dispuesto) o se le ubica fuera de la docencia situándolo en el terreno de la investigación en institutos universitarios si fuese el caso de que es persona notable en los menesteres heurísticos. Ya sé que el lector avezado estará pensando que en el estado actual de las cosas funcionarial y presupuestario eso es un imposible. Verdad es. Pero que sea un imposible coyuntural no impide señalar lo que uno considera que sería lo más conveniente en beneficio de ese tipo de profesorado y, sobre todo, de las sucesivas generaciones de estudiantes.

En resumen, casi nada en el engranaje institucional de la confección de las plantillas de profesorado universitario de historia conduce a la estimulación por preparar y perfeccionar la práctica de su enseñanza. La capacitación y la mejora docente no «computa» curricularmente hablando, es decir, no supone una «ganancia» en aras de la carrera profesional. Incluso en el lenguaje coloquial-institucional universitario se le llama a la docencia «carga docente» en un evidente lapsus freudiano que la sitúa en subordinada posición frente a la investigación.

Una «carga docente» que se «lucha» denodadamente para que sea la menos posible, introduciendo en los planes de ordenación académica anuales todas las actividades posibles para que se reduzca al máximo, lo cual resulta a veces muy pertinente por las características y actividades de un docente, pero en otras ocasiones en cambio resulta casi grotesco ver lo que se solicita que sea una actividad reductora de la docencia. Y como recordaba recientemente el MIT lo ideal en una universidad sería que el 80% de la tarea estuviera nucleada alrededor de la docencia.

En estas condiciones no debe resultar extraño, pues, que la consigna general que transmitimos los seniors a los juniors sea la de nuestra propia experiencia curricular que nos ha permitido instalarnos en la vida universitaria: investiguen, escriban libros, artículos indexados, capítulos de libros, comunicaciones y ponencias en congresos al menos hasta que estén «acreditados» para presentarse al concurso de una plaza que les permita consolidarse como profesores laborales o funcionarios. Y después de este primer paso les decimos que sigan haciendo lo mismo hasta que puedan presentarse a un nuevo concurso para seguir ascendiendo en el escalafón hasta llegar, en algunos casos, a la condición de catedrático. Y sobre la docencia, permítaseme la exageración, les reiteramos que no se preocupen, que hagan lo que puedan que seguro que lo harán bien y si no fuere el caso nada les va a pasar en cuanto a su estabilidad profesional. Aunque admito que sea lícito que alguien piense que cargo en demasía las tintas, eso es lo que creo que les aconsejamos en general a quienes entre nuestros posibles discípulos deseamos que habiten en la vida académica.

Lo realmente paradójico es que los seniors asesoramos así a los juniors porque los queremos bien, los queremos en la vida universitaria y por eso somos realistas recordándoles que eso es precisamente lo que marca la legislación que deben cumplir. Lo realmente leal es decirles a los más jóvenes que sean pragmáticos: lo que importa es estar acreditado y para ello lo que resulta esencial es tener *curriculum* investigador, cuando menos el que marca la ley en los decretos de acreditación y en las agencias de evaluación. ¿Y la docencia? Pues como mal menor y solo la que se exija en cuanto a cantidad de horas docentes. Lo cualitativo de la enseñanza puede esperar. Ocurriendo en la práctica, sin embargo, que esa espera suele eternizarse una vez el novel esté consolidado dentro de la Academia. Y si se piensa que extremo mi posición, vale la pena recordar en este sentido que, en lo que dictan las normas acreditadoras que se ha de disponer para poder ser académico, es cierto que está escrito lo que debe «tener» cuantitativamente en docencia, pero sin alegar absolutamente nada de cómo se comprueba la calidad de la misma. Se dice que se tenga «capacidad docente», pero no cómo hay que demostrarla más allá de atesorar un determinado número de horas de clase. Digámoslo con cierta rotundidad de combate: contratar a alguien para ser docente no debe ser un mero acto cuantitativo que puede realizar de forma casi mecánica una comisión de «contables» sin que sean necesarias actuaciones verificadoras de las cualidades didácticas del contratado. En suma: el profesorado no tiene como requisito el acreditar una sólida formación y práctica pedagógica para impartir docencia en la universidad[16].

Y ante estas realidades, lo pertinente es preguntarse quién ha hecho la legalidad curricular actual. Pues es obvio: nosotros mismos, los universitarios. Se critica bastante asiduamente a la ANECA o las agencias de calidad autonómicas como si sus disposiciones y normas no las dictáramos los agre-

16.   Cf. María África de la Cruz Tomé, «Formación pedagógica inicial del profesor universitario en España: Reflexiones y propuestas», *Revista Interuniversitaria de Formación del Profesorado,* 38 (2000), pp. 19-35; «Necesidad y objetivos de la formación pedagógica del profesor universitario», *Revista de Educación,* 331 (2003), pp. 35-66.

miados a través de las categorías de titulares y catedráticos consolidados. Como si las escribieran unos «ignorantes» funcionarios administrativos que todo lo desconocen acerca de nuestro oficio. «Burócratas», vamos. Pero la verdad es que no es así. O sea, que somos nosotros, junto con los sindicatos y el gobierno, quienes construimos un tipo de exigencia curricular que, a mi juicio, no tiene en cuenta con el necesario rigor la adecuación del aspirante en cuanto a su real y demostrada capacidad docente en el aula porque la evaluación es meramente cuantitativa. Es bien cierto que comprobar lo cualitativo supone bastante más tiempo y dinero, pero lo que está en juego es verificar con propiedad nada menos que la calidad del profesorado universitario, el mismo que resulta la sal de la tierra de la institución a la que la sociedad le encarga (y le exige) que sea un motor del crecimiento económico, una palanca del desarrollo social, un revitalizador del progreso cultural y, con ellos, un baluarte del bienestar de la ciudadanía. Por eso, nada hay más importante para el buen funcionamiento de una universidad que tener un profesorado de calidad por estar en continua formación como docente. Y la verdad es que en ello invertimos muy pocos recursos en dedicación y en presupuestos.

En este sentido, debe reconocerse que en los últimos años ha habido una notable preocupación por los temas de lo que con cierta simplicidad llamamos coloquialmente «calidad». Una renovada inquietud que se vio estimulada a partir de 1995 con el Plan Nacional de Evaluación de la Calidad de las Universidades, que conllevó un mayor cuidado por la formación del profesorado. Me parece sin duda una dedicación justa y pertinente, que bien es cierto sin embargo que demasiadas veces se llena de fundamentalismo insoportables y de burocracias innecesarias que desaniman a bastantes docentes. Pero los posibles defectos en la aplicación de las cuestiones de calidad, no impide que debamos reconocer su importancia y necesidad. La preocupación y la ocupación por la misma es precisa y positiva para la enseñanza académica al margen de ciertos «excesos» dogmáticos, corporativos o de gestión. En todo caso, creo que no sería mala idea el explorar la posibilidad de que las universidades tuvieran un Centro de Formación del Profesorado Universitario con la organicidad y los recursos debidos (como ya es el caso de algunas) y no solo planes de formación a menudo poco articulados, mermados de coherencia y de escaso desarrollo y continuidad. Ello ayudaría a que cada universidad tuviera su propio modelo de formación continua del profesorado según su idiosincrasia, pero también a realizar políticas transversales para el conjunto del sistema universitario español desde instancias ministeriales[17].

17.   Cf. Pilar Aramburuzabala, Cynthia Martínez-Garrido y Rocío García-Peinado, «La formación del profesorado universitario en España: evolución y perspectivas», en *Educación*, 43 (2013), pp. 7-25.

Llegados a este punto de mi inculpación al conjunto del sistema por la manera en que está ausente la adecuada valoración de la docencia a la hora de confeccionar las plantillas de profesorado universitario de historia, alguien me recordara que ya existe un cierto estímulo por parte de las autoridades académicas en fomentar la preparación docente y en valorar los proyectos de innovación a la hora de la consolidación y promoción universitaria (nunca de la entrada en la institución). Cierto. Pero seamos sinceros con nosotros mismos. En el caso de los cursos de formación, tratando de no ofender a quienes con las mejores intenciones los promueven y a quienes los imparten[18], afirmo que son percibidos por

18.   En este sentido debe ser destacada sin duda la atención mostrada y la tarea realizada por el GIFD (Grupo Interuniversitario de Formación Docente) compuesto por los ocho responsables de la formación del profesorado de las universidades públicas catalanas. Académicos, hablo por experiencia propia de rector,

la mayoría del profesorado como un peaje a pagar para rellenar el *curriculum* opositor a una plaza. Y en cuanto a buena parte de los proyectos de innovación docente que he llegado a conocer, pues otro tanto de lo mismo. Es más, cuando se realizan con verdadero convencimiento al objeto de mejorar eficazmente la enseñanza, lo cual considero sin duda muy loable porque pueden posibilitar un trabajo interdisciplinar entre especialistas de diversas épocas históricas o diversas disciplinas sociales, se suele hacer sin cimentarlos adecuadamente en una base teórica que los fundamente y además con experiencias prácticas de menor alcance o rutinarias. Quiero decir que en bastantes ocasiones son más proyectos «ad hoc» para sumar puntos en las acreditaciones que verdaderos proyectos de investigación de largo recorrido y verdadera trascendencia. Y, por

que son la vanguardia en cuanto a la preocupación por la formación inicial y continuada de la actividad docente del profesorado universitario.

supuesto, que casi nunca se refieren a la didáctica de la historia en la universidad[19].

Como puede apreciarse, la causa sistémica es la que considero primordial sobre la orfandad de la didáctica de la historia entre el profesorado universitario. Ante su consolidación profesional, el conjunto del sistema no le conduce a invertir sus esfuerzos en la docencia sino en la investigación. El razonable pragmatismo del profesorado le lleva a dedicar tiempo y esfuerzos a aquello que le es rentable para su carrera académica según lo que disponen las normas de acreditación, contratación y promoción del propio sistema. Y lo que ocurre en consecuencia, dicho en roman paladino, es que se da entrada a investigadores probados, pero no a docentes contrastados. No hay incentivos normativos de verdadera entidad que conduzcan al profesorado a ejercer de

19.   Cf. Raquel Rodríguez y Jesús Hernández (coords.), *Docencia universitaria: proyectos de innovación docente*. Oviedo, 2006.

forma «voluntaria» su mejora profesional en el campo específicamente docente.

No obstante, siendo a mi juicio lo anterior la causa principal no resulta la única. Voy a señalar una que a fuer de ser más subjetiva es posible que su mención no vaya a tener la misma aceptación: una parte significativa del profesorado universitario de historia no *siente* la necesidad personal de mejorar su docencia en la creencia de que aquello *que* hace es lo que *debe* hacer y lo mejor que se *puede* hacer. Lo que *debe* en el sentido de lo correcto porque le funciona razonablemente. Y lo que *puede* hacer en el sentido de las circunstancias en que imparte la docencia. Ignoro si esta situación es causa de una cierta autocomplacencia o incluso de un cierto narcisismo: si he llegado a ser profesor universitario no es el caso de que nadie me tenga que decir cómo debo dar las clases. Pero no cabe descartar tampoco que la falta de interés por la didáctica de la historia sea también producto de la sensación de la suficiente satisfacción que buena parte del profesorado experimenta con su propia docencia a causa de la falta de conflictividad con su alumnado y a unas encuestas contestadas por ellos que les «confirman» la «bondad» de sus prácticas docentes, es decir, que son interpretadas como que pueden seguir haciendo lo que hacen sin necesidad de mayores esfuerzos innovadores.

En estas circunstancias, resulta difícil que ese tipo de profesorado piense que una mejor preparación en didáctica le ayudaría a perfeccionar los métodos de aprendizaje del alumnado de historia. La didáctica aparece más como un engorro innecesario que como un bien a conquistar. Aparece como una cosa de la que deben ocuparse solo los maestros de primaria y los profesores de secundaria. En la universidad las cosas son en realidad más sencillas: el investigador cuenta bien lo que sabe a unos alumnos plenamente maduros como personas y que ya conoce lo que desean conseguir de la universidad para sus vidas. Y si no lo son, si no lo son tanto como las generaciones pasadas, si no vienen tan bien preparados, pues a reclamar al maestro armero, que no es otro que el conjunto del sistema educativo que los ha «producido». Es sin duda bien cierto que el sistema preuniversitario tiene sus propias costuras y responsabilidades, pero con los alumnos realmente existentes en las aulas universitarias una cuestión se torna inapelable: ¡algo habrá que hacer a partir de las condiciones reales en las que nos llegan a nuestras facultades! Es posible que no sean como debieran ser o como desearíamos los académicos universitarios que fueran. Pero son los que son y ante ellos no hay más remedio que abrazar una postura positiva y profesional que es la que se merecen y nosotros tenemos la obligación como servidores públicos de adoptar.

Una prueba fehaciente del desinterés por la mejora de la docencia de la historia en la universidad es el escaso eco que suelen tener las políticas de formación del profesorado que se ofrecen en las universidades, y el hecho de que cuando los profesores noveles de historia acuden a ellas es sencillamente porque hay una obligación curricular para poder estabilizarse en la vida universitaria sumando los puntos correspondientes. De hecho, hasta donde llega mi conocimiento, tengo la sensación de que en realidad las autoridades académicas ponen en marcha estas actividades más por la obligación que supone la demanda del profesorado en relación a sus acreditaciones que por un verdadero convencimiento en sus virtudes. Es evidente que en algunos casos son actividades muy bien intencionadas, pero en general están faltas de organicidad y coherencia tratándose casi siempre de una serie de cursillos de pocas horas de duración con escasa relación entre ellos y alejados de cualquier teoría del aprendizaje en relación a la docencia universitaria[20]. Cursillos que,

20.   En este sentido, reconozco que debería hacerse un análisis riguroso de los diversos esfuerzos que se han realizado en torno a programas de formación del profesorado, especialmente el novel, como es el

por lo demás, pocas veces tienen la intención directa de ocuparse de la didáctica de las diversas disciplinas. Y si nos referimos al mundo de las becas posdoctorales apenas está incluida la mejora de la enseñanza de la historia mediante una mejor formación en técnicas de aprendizaje, en métodos didácticos o en una mayor preparación de las cualidades personales necesarias para la docencia. Si se les ofrece algunas pocas horas de clase es también para poder cumplir con los requisitos curriculares de las agencias de evaluación y/o para suplir la disminución de docencia de otros colegas permanentes. Y, por supuesto, siempre con la intención de que no desvíen su atención de una tesis doctoral que debe estar finalizada en unos cuatro años según las costumbres y normativas académicas actuales para adquirir la condición de doctor/a. Exigencia temporal

---

caso de la Universidad de Barcelona, la Universidad Politécnica de Barcelona, la del País Vasco o la de Salamanca, entre algunos de los ejemplos que conozco.

fáctica que tiene más que ver con criterios de rentabilidad de mercado que con los procesos propios de la ciencia y/o de cada disciplina.

En honor a la verdad, no puede decirse que las autoridades ministeriales y los rectorados no hayan puesto un cierto interés en la evaluación de la capacidad y competencia docente de su profesorado siguiendo las directrices europeas y el programa estatal *Docentia* consensuado entre ANECA y las agencias de calidad autonómicas, aunque es bien sabido que la responsabilidad de la tarea recae en cada universidad. Pero un análisis somero de los Manuales de Evaluación Docente de las universidades catalanes (muy similares a las del resto de España), creo que permite concluir que están más pensados para decidir si se dan los tramos de docencia (con el consiguiente aumento salarial) que para una continuada evaluación rigurosa y cualitativa de la tarea docente de cada profesor y de su preparación didáctica.

Dicho lo antecedente, me parece de todo punto razonable afirmar que la formación permanente del profesorado universitario debería ser uno de los pilares más importantes en las tareas de los rectorados y tendría que estar valorada con mucho mayor intensidad en los diversos procesos de incorporación, consolidación y promoción académicos. Cualquier empresa que se precie sabe que su éxito depende de la calidad de sus empleados y de un adecuado proceso de formación continuada que permita revisar y mejorar las prácticas cotidianas consolidadas y acertar ante los retos de las nuevas demandas (en nuestro caso de la sociedad y de los estudiantes). En cuanto a los docentes universitarios de historia, bueno sería que estuviéramos familiarizados con una creciente literatura que se ha desarrollado en los últimos años, incluyendo los diversos congresos que se han venido realizando sobre la formación del profesorado universitario y, especialmente, sobre la didáctica de su docencia, con singular atención a la referida a las ciencias sociales[21]. Nada resulta más perjudicial para la enseñanza de la historia que caer en la rutina y no practicar una constante revisión creativa de la misma. Una revisión que debe consistir no en la aplicación mecánica y puntual de algunas innovaciones pedagógicas aisladas, sino en una continuada actuación en las aulas por generar estrategias docentes que queden efectivamente validadas por la práctica, siendo precisamente esta última la que pone a las posibles novedades en una continua revisión.

Y, en todo caso, nada resulta más desalentador que las respuestas que puedo ofrecer a las siguientes preguntas: ¿quién enseña a los enseñantes universitarios de historia? Pues nadie. ¿Sabiendo investigar (cosa a la que teóricamente se prepara en el doctorado) se

21.   Cf. Fermín Navaridas, *Estrategias didácticas en el aula universitaria*, Logroño, 2004; Javier Patricio y Ana Isabel Allueva (coords.), *Prácticas y modelos innovadores para la mejora y calidad de la docencia*, Zaragoza, 2012.

aprender a enseñar la materia histórica? Pues no. ¿Quiénes tutorizan a los futuros enseñantes de historia? Pues nadie también. ¿Cuál es la demostración empírica que certifica que alguien está preparado para ejercer el oficio de enseñante de historia? Ninguna. ¿Dónde está de verdad la formación continua para que sea realmente útil? Pues en voluntarios cursillos aislados en ocasiones alejados de las prácticas docentes reales. ¿Cuánto hacemos para que valga de verdad en la consolidación académica? Pues muy poco y más teórico y formalista que efectivo. ¿Cuánto hace el sistema para que el profesorado universitario de historia tome conciencia de que no solo está en la universidad para enseñar sino también para aprender a enseñar? Pues ciertamente casi nada.

En suma, la necesidad de perfeccionamiento de la enseñanza de la historia en la universidad brilla por su ausencia en la mayor parte del profesorado. Y antes de que el lector justamente me lo reproche, reconozco públicamente, nada complacido, ser uno más de los miembros de esa nociva realidad.

Es esta, ciertamente, como decía líneas arriba, una generalización algo abusiva porque es evidente que entre los miles de docentes los hay seriamente preocupados por la cuestión y que además procuran hacer autocrítica de su práctica docente y poner remedios a las deficiencias detectadas. En este sentido, debemos hacer justicia con la minoría espontánea de profesorado que está teniendo esforzadas y pioneras actitudes innovadoras en sus clases de historia. Experiencias individuales que de momento no están, sin embargo, ni socializadas ni contrastadas de manera eficiente en nuestro gremio. Al menos hasta donde yo conozco.

Por mi veteranía universitaria, creo poder afirmar que son iniciativas meritorias pero minoritarias y aisladas. Lo normal es que cada «maestrillo tenga su propio librillo» docente y que, en el mejor de los casos, mediante el veterano sistema de ensayo/error vaya encontrando su propio «modelo» docente según sus características personales, la materia que imparta y la densidad demográfica de sus clases. Y no es que esto último sea una práctica inaceptable, es que sencillamente es una práctica insuficiente porque debe tomarse conciencia de que es un mito pensar que con la única experiencia docente personal es bastante. Sé que resulta reconfortante y además cómodo pensar, como decía con anterioridad, que cuando las encuestas de los estudiantes son favorables se deben interpretar como una señal inequívoca de que todo marcha bien y de que no es necesario mayores esfuerzos de perfeccionamiento docente. Pero ¿significan unos resultados positivos en cuanto a la opinión estudiantil que no se pueda/deba entonces mejorar la docencia acudiendo a una crítica razonada de nuestra praxis para perfeccionarla desde los conocimientos de la didáctica? Pues mi respuesta es rotunda: en diálogo con la didáctica casi toda práctica docente es mejorable, en especial en el caso de la enseñanza histórica en la universidad que tan falta está de estos menesteres. Si nos interrogamos críticamente sobre nuestra docencia a buen seguro que descubriremos nuevas estrategias para optimizarla. Pensar que lo hacemos definitivamente bien por tener buenas notas de los estudiantes es sencillamente un error que lleva al inmovilismo docente desde una cierta solipsista autocomplacencia. Y creo honesto dejar escrito que nuevamente «acuso» de lo que yo mismo practico.

Desde mi punto de vista, está más que justificado que la mejora de la enseñanza de la historia universitaria debe ser sentida como un reto del conjunto de la profesión y no solo (aunque también) como un desiderátum personal. Debe ser entendida como un desafío colectivo que tiene como meta configurar un cuerpo de teoría y práctica de la enseñanza de la historia en la universidad sobre el que se pueda reflexionar, criticar y proponer mejoras constantes. De hecho, el ideal sería que la permanente perfección de la enseñanza de la historia en la Academia fuera vivida como una necesidad deontológica estructural por el conjunto del profesorado. Debe trascender lo individual para alcanzar lo colectivo. Ser vista como un ineludible compromiso profesional en la mejora del oficio de enseñar. Contemplada como una especie de obligada militancia respecto a la historia y a su docencia. Debe dejar de ser una inveterada anomalía que los departamentos o las secciones departamentales prácticamente jamás se planteen este tema, que casi nunca haya reuniones al respecto, que la única vez que se «reflexiona» sobre docencia sea cuando se habla (discute) del reparto de asignaturas en un nuevo plan de estudios o en los planes de ordenación académicos anuales. Dicho con una pizca de ironía, no ocuparnos de la didáctica de la historia en la universidad no debe ser visto como un destino inevitable, aunque el conjunto del sistema ciertamente lo facilite.

A pesar de que resultaría desde luego deseable que el aumento de la preocupación por la docencia y por la reflexión científica de su adecuación y perfeccionamiento proviniera especialmente del impulso deontológico personal y colectivo, conocida la condición también utilitarista del ser humano, pienso que ese sano y necesario voluntarismo debería acompañarse de un efectivo y denso reconocimiento en los concursos para la provisión de plazas, pues cuando contabilizamos los méritos docentes dejamos en un lugar valorativo más que secundario las iniciativas (individuales o colectivas) de innovación docente, y no sin falta de razón en bastantes ocasiones porque muchas veces son proyectos ocasionales y «burocráticos», a menudo meros trámites para sumar algún punto en el baremo que decide quién va a ocupar la plaza correspondiente.

Todo lo anterior no significa, desde luego, anular la necesaria y constitucional libertad de cátedra. No. Lo que quiero referir es que no debemos escudarnos en ella para refugiarnos en una actitud conformista, rutinaria, aislacionista, acrítica y empirista, pensando en que nadie puede inmiscuirse en lo que hacemos y en cómo lo hacemos en la impartición de nuestras materias: la asignatura como una propiedad inalienable en la que nadie puede entrometerse y que no se está dispuesto a poner bajo la reflexión científica inspirada en los conocimientos de la pedagogía, la psicología o la sociología como ciencias reconocidas que ayudan a perfeccionar la estrategia didáctica de las enseñanzas, también las universitarias. No tema el lector, no estoy proponiendo entregarnos con armas y bagajes en manos de los tan «temidos» y «denostados» psicopedagogos (que, por cierto, y dicho por mor a la verdad, de todo hay en la viña del señor). Lo que deseo afirmar es que, impelidos por la obligación de mejorar nuestra práctica docente, nada debemos de temer en relacionarnos con estas ciencias del aprendizaje y con esos científicos para un mutuo aprovechamiento. Bueno será, en este sentido, que deshagamos entuertos, que eliminemos mutuos prejuicios (como diría Einstein, más difíciles de deshacer que un átomo) y que nos dispongamos en actitud de ejercer una colaboración que es imprescindible por productiva.

Ahora bien, la forma y manera de afrontar esa relación para que sea constructiva es lo decisivo. Creo que la estrategia central debería pasar porque fuera el propio profesorado universitario de historia quien tomara el mando de elaborar programas propios de investigación en relación a la didáctica de la historia en la universidad. Y partiendo de esta centralidad protagonista del propio gremio de historiadores, que son quienes conocen la materia (cuestión sin duda imprescindible) y saben de la práctica real en sus clases y de las condiciones en que se realizan (número, tipo y curso del alumno), es desde donde se debería contar con la participación interdisciplinar de los expertos en cuestiones de aprendizaje del campo de la psicopedagogía y de la didáctica de las ciencias sociales que, dicho sea de paso, en ninguno de los casos se han ocupado con la necesaria dedicación a la enseñanza universitaria de la historia al centrar la mayoría de sus quehaceres en los niveles educativos de primaria y sobre todo de secundaria. De cualquier modo, me resulta notorio que deberíamos recomponer (o quizá habría que decir establecer) las relaciones con ambos colectivos académicos en base a dejar de lado dos actitudes que considero muy nocivas para la mejora de la enseñanza histórica universitaria. Por un lado, un cierto desprecio de los historiadores hacia los considerandos de la psicopedagogía acusándola, a veces sin duda con razón, de desconocer la materia histórica de cuyo aprendizaje hablan. Y, por otro lado, un cierto desprecio de los psicopedagogos por considerar a los historiares como docentes meramente empiristas, no sin falta de razón también en bastantes ocasiones. Desprecios ambos que, en cualquier caso, resultan un claro desatino porque los únicos perjudicados son la enseñanza de la historia y la preparación de los alumnos.

En todo caso, estoy convencido de que la comunidad de historiadores universitarios deberíamos aprender del esfuerzo sostenido que muchos enseñantes de la educación preuniversitaria han efectuado en torno a la reflexión e innovación de su tarea como docentes de historia. Y también deberíamos reconocer que en sus resultados tenemos un cuerpo doctrinal y de propuestas de posible ejecución con indudable amplitud y calado. Proposiciones en las que poder mirarnos los profesores universitarios para emprender nuestra propia labor en el bien entendido de que las edades de aprendizaje entre los estudiantes de secundaria y de los primeros años de universidad están muy cercanas (apenas unos meses en primer curso) y sus procesos cognitivos para adquirir conocimientos y destrezas son muy similares[22].

22.   Un fehaciente testimonio sobre la fecunda tarea realizada en torno a la didáctica de la historia en los niveles educativos preuniversitarios puede contemplarse en una reciente publicación en homenaje al profesor Joaquín Prats Cuevas coordinado por Illaria Bellatti, Concepción Fuentes, Pedro Miralles y Lydia Sánchez, *Las ciencias sociales y su didáctica: pensamiento histórico y educación democrática, Homenaje a Joaquín Prats*, Barcelona, 2023.

Llegados a este punto, por coherencia con lo argumentado, formulo la propuesta (seguramente quimérica en estos momentos) de que se perfeccione la enseñanza de la materia histórica en el seno de los centros donde precisamente se imparte, es decir, que la didáctica de la historia debería formar parte de las Facultades de Historia y hacerlo de forma individualizada mediante su propia comunidad de practicantes (investigadores/docentes). Estoy persuadido que con eso habría una mayor dedicación a la mejora de nuestra enseñanza y a la preparación de los alumnos en su futuro oficio como docentes. Y estoy convencido igualmente de que ello favorecería que se establecieran programas de investigación e innovación sobre la didáctica de la historia en la universidad y que fueran considerados una primera necesidad por parte del gremio de historiadores universitarios y valorados de forma adecuada en cuanto a su eficiencia para ampliar nuestras prestaciones docentes. Desde esta perspectiva, el primer programa de investigación debería versar sobre el estado actual de la calidad de la enseñanza de la historia en la universidad con la intención última de elaborar un Libro Blanco sobre la cuestión que se ocupara de analizar la situación, delimitar los principales problemas, establecer las posibles estrategias de innovación y trazar una ruta individual y colectiva para perfeccionar las prácticas de nuestra didáctica histórica. Antes de decidir qué es lo que hay que hacer necesitamos un diagnóstico riguroso del estado de la cuestión sobre la realidad práctica y concreta de la enseñanza universitaria de la historia. Y que yo sepa, no lo tenemos.

Para la elaboración de este Libro Blanco una operación previa sería establecer una sociología del estudiantado de historia. No se puede desligar cómo enseñamos historia en la universidad de un conocimiento riguroso de quiénes son los destinatarios discentes de la misma. A saber: de su origen familiar socioprofesional, sus procedencias académicas (enseñanza pública o privada), sus niveles de preparación, sus conocimientos idiomáticos, su comprensión lectora, su capacidad de expresión escrita o sus expectativas profesionales, entre otras variables. Y, en el caso que nos ocupa del grado de Historia, su nivel de conocimiento factual sobre el pasado[23]. De este modo, tendremos una mínima radiografía del alumnado al que debemos enseñar y de cuáles son sus capacidades, una información de la que no puede prescindir ninguna didáctica de la historia que se precie y de la que carecemos absolutamente cuando entramos en nuestras aulas.

Como no podemos desconocer tampoco una realidad que supedita en buena medida la enseñanza histórica en nuestras faculta-

23. En este sentido, resultó sin duda muy interesante la exposición de Javier Antón en las jornadas antes mencionadas en la Universitat Autònoma, ocupándose de analizar una muestra de estudiantes de secundaria respecto a su conocimiento de la historia moderna. («La Història Moderna de l'ensenyament secundari als graus d'Història i Humanitats: diagnosis de la transició»).

des: la calidad media de la preparación de quienes llegan a las aulas está relacionada en gran parte con la nota de corte que se exige para cursar el grado de Historia en las distintas universidades españolas. Una nota de corte que no resulta nada anecdótico que en una gran mayoría sea la mínima de 5. Y aun en aquellas ocasiones en las que se rebasa esta cifra, las exigencias están bastante por debajo de otras disciplinas académicas[24]. Es decir, ante la reducida demanda que existe en la actualidad del grado de Historia res-

24.   En España hay en estos momentos unos 33 grados de historia en la Universidad. De ellos hemos contabilizado que al menos 21 tienen una nota de corte de 5. Los restantes en cinco ocasiones no pasan de 7 (Castellón, Cádiz, Complutense, Alcalá y Navarra), mientras que los más altos son Santiago de Compostela con 9,4, Rey Juan Carlos con 8,9; País Vasco con 8,7, Sevilla con 8,4, Zaragoza con 8,2, Murcia con 7,8 y Alicante con 7,5. No contabilizamos aquí los dobles grados en los que está también incluida la Historia, y que como es bien sabido suelen tener notas de entrada más altas.

pecto a otros grados, en gran parte debida a la consolidada percepción social de sus escasas expectativas profesionales, la consecuencia ha sido la disminución de la nota de admisión al mínimo. Y desde luego, en estas condiciones no es difícil colegir que, salvados los vocacionales, a nuestros grados no suelen llegar los alumnos más destacados de la secundaria.

Además, dicho estudio sociológico del estudiantado nos podría ayudar a detectar también a dos tipos de alumnado con características particulares. El primero es esa clase de discentes que, sin tener de ellos una exacta cuantificación, sabemos en cambio que se han matriculado en nuestros grados porque no han podido entrar en otras carreras, presuponiéndoles con ello una vocación más bien reducida por la historia y la historiografía que muchas veces se refleja en un absentismo en las clases cada vez más creciente (algunos incluso desde el primer día) y en abandonos a lo largo de la carrera imputables, en su mayor parte, a la ausencia de una suficiente vocación. Lo cual representa reunir en el aula a los «convencidos» con los que llegan por «exclusión» de otras opciones, presumiendo por tanto un muy distinto grado de motivación e implicación, elementos centrales en el proceso de aprendizaje de cualquier materia. No es lo mismo una clase para alumnos a priori motivados que cuando se puebla de alumnos de «rebote». Y el segundo tipo de discentes, minoritario pero existente, es aquél que ha decidido hacer una segunda carrera bien sea por puro deleite intelectual (el grado de Historia es con mucha distancia el preferido de bastantes profesionales como segundo grado de «disfrute» y/o de «crecimiento personal») o bien para conseguir puntos ante una posible oposición a la administración pública. Dos actitudes «utilitaristas» acaso legítimas pero que no son las que deberían conformar el grueso del alumnado de historia en la universidad. Reconozcamos, en suma, que impartimos nuestras clases con un desconocimiento prácticamente absoluto del perfil de los alumnos que tenemos delante, en parte porque se presupone que no existe alternativa a que nuestro proceder didáctico sea el mismo frente a su variada realidad sociológica y su distinta preparación intelectual.

Pero más allá de las investigaciones para perfeccionar nuestra enseñanza de la historia en la vida universitaria, cuando menos deberíamos consensuar qué características básicas (mínimas) debe tener un docente en materia histórica. Admito que aquí la lista puede ser frondosa a fuer de subjetiva. Pero permítaseme realizar un modesto ensayo de un posible arquetipo, de un «modelo ideal» de profesor cuyo perfil nos sirva también como guía tanto para la contratación primera como para la preparación académica posterior del futuro profesorado a consolidar y promocionar.

Es obvio que el docente debe dominar, en primer lugar, el contenido factual de la materia histórica de la que se trate, como es igualmente notorio que debe disponer en su acervo de conocimientos de las principales interpretaciones historiográficas al respecto y, en este sentido, las posibles controversias que una época, un personaje o una temática hayan generado en el seno de la comunidad de historiadores. Saber de qué se habla y saber qué se ha dicho por parte de la historiografía sobre aquello de lo que se habla es la primera condición para impartir historia. El dominio de la doxografía de la literatura historiográfica es sin duda de una esencial importancia en la formación del docente de historia. Además, para una buena metodología didáctica el profesorado debe saber cómo se construye ese conocimiento y cuáles son los caminos metodológicos y técnicos para llegar a una información rigurosa y a una explicación que, sin duda, conlleva asimismo un componente teórico. Sin este requisito lo que se enseñe será una mera transmisión de un conocimiento cerrado y no se percibirá por parte del alumnado que la historia es un conocimiento en construcción.

Resulta evidente, y no es preciso entrar en detalle ahora, que en el marco de las competencias profesionales del profesor universitario deben estar el saber diseñar, orientar y desarrollar los contenidos del curso, programar actividades formativas y pensar la evaluación en función del tipo de docencia realizado. Pero siendo lo anterior fundamental no es suficiente. El profesor debe transmitir conocimientos con método y rigor, pero en un mundo con muchos recursos digitales esa no es su única función docente. Hablando siempre en estas reflexiones de la enseñanza presencial (insustituible para la vida universitaria), el profesorado debe ser, especialmente, un gran motivador, un creador y fomentador del espíritu crítico, alguien que enseña a los alumnos a ganar confianza en sí mismos y que les educa en el valor que tiene el compromiso ético del historiador con la verdad como eje central de la utilidad social de la historiografía.

De hecho, siempre he pensado que el aula es como un pequeño teatro y que el profesor es el principal actor y también el maestro de ceremonias que dirige el espectáculo.

Y lo primero que hay que hacer en este sentido es mostrarle al alumnado la enorme importancia que tiene para su formación profesional y ciudadana la materia que se va a impartir en la asignatura. Es decir, darle sentido a su presencia en el grado por la utilidad social y personal de lo que va a cursar en la universidad. En nuestro caso, por la trascendencia cívica del conocimiento histórico. De hecho, parto de la premisa de que la mayoría de las personas no suelen rechazar aquello que se les demuestra que es realmente útil para sus vidas. Sean vocacionales o no, la primera operación docente frente a los alumnos consiste en conseguir suficiente motivación como para que asistan a las clases manteniendo la atención en lo que en ellas suceda. Sin esta condición no hay docencia posible de calidad: un alumno «ausente» dentro del aula no es realmente alumno. Y, en este sentido, es muy posible que la verificada obligación de asistencia a las clases deba adquirir una mayor densidad entre las exigencias del profesorado.

Para ser un gran motivador en medio de un escenario «teatral» y teniendo que dirigirlo, el profesorado debe estar preparado en el dominio de la oratoria (hablar en público con elocuencia) y cuidar la dicción (expresarse con una pronunciación clara, precisa y con las pausas debidas), sabiendo que la buena retórica resulta esencial para captar la atención estudiantil, meta primera de cualquier tipo de enseñanza. Una retórica que se refiere al importante hecho de hablar respetando la lógica, utilizando con precisión los conceptos y organizando adecuadamente el discurso, con una estructura diáfana y reconocible por el alumnado, que debe saber siempre en que parte de la materia de cada clase está ubicado en cada momento. La retórica es el arte de conformar un discurso oral que sirva para penetrar en el alumnado por su limpieza y concisión, por tener ejemplos significativos respecto a lo que se quiere ilustrar. Todo ello para conseguir lo que es un fin siempre anhelado en la educación: enseñar deleitando y, añado, persuadiendo a los discentes de la bondad y necesidad personal y social de lo que se les está enseñando. La meta de todo profesor universitario de historia debe ser que el alumnado disfrute aprendiendo el conocimiento del pasado.

Junto a lo anterior, para dominar la escena es importante estar dotado de ciertos conocimientos acerca de la psicología del comportamiento humano en un aula (dinámica de grupos) para detectar con prontitud el grado de atención del público, las carencias que se producen en la impartición de una clase y los cambios que sería preciso introducir para que cada alumno sienta que está participando en ella de manera integrada y constructiva para él y para el colectivo. Y como consecuencia de este conocimiento poder aplicar técnicas de grupo y formas eficaces de organización del estudiantado en el aula al tiempo que saber construir un sistema de trabajo colaborativo y de discusión que les implique intelectualmente.

En realidad, como afirmaba con anterioridad, el profesorado debe sentirse un poco «artista» en una pieza teatral de la que es centro de atención y conductor del «publico» asistente. Y puestos en esta metáfora teatral, resulta muy conveniente que el profesorado no se convierta en la clase en una especie de estatua de sal petrificado y parapetado tras de una mesa. El solo hecho, por ejemplo, de dar las clases de pie en asignaturas de matriculación mediana o alta (si la salud no lo impide), siempre facilita la dinamización didáctica de la clase y la motivada aplicación del alumnado. En realidad, sin empacho alguno, el docente debe ser un «seductor» que trata de exhibir todas sus dotes y conocimientos con el objetivo último de que el alumnado quede «cautivado» y con ganas de repetir la experiencia de volver a sus clases. Y si puede ser un seductor bañado de un razonable «optimismo», pues todavía mejor. El alumnado debe quedarse en cada clase con ganas de que vuelva la siguiente. Ese es sin duda el éxito para un docente.

Pero siendo el principal actor del reparto, el profesorado debe plantearse la necesidad de que el estudiantado intervenga adecuadamente en la obra en variadas formas según la materia histórica que se dé y la densidad demográfica de la clase. En este punto, aunque algo utópicas para su aplicación en España por la falta de condiciones materiales, siempre he pensado que las directrices de Bolonia deben ser escuchadas al tiempo que tienen que estar sujetas a la crítica en diversos aspectos conceptuales y prácticos En efecto, el proceso de convergencia de la Educación Superior en Europa ha significado un cambio importante en la manera de pensar los procesos de enseñanza y aprendizaje en el aula universitaria. La consideración del estudiante como un protagonista activo y crítico en la reconstrucción del conocimiento, la necesidad de atender a sus diferencias personales de aprendizaje y la conveniencia de favorecer su desarrollo personal, exigen ahora al docente el dominio de unas teorías y estrategias didácticas básicas (que la mayoría desconoce) que le permitan afrontar con ciertas garantías de éxito los grandes desafíos educativos planteados por un nuevo escenario universitario que ya habita con normalidad entre nosotros, y al que tan pocos recursos le ha dedicado la Administración para su efectiva puesta en funcionamiento.

En cualquier caso, el discente de historia debe construir sus propias formas de pensar el pasado para su acervo y formación intelectual, y en esta tarea puede ser de gran utilidad que intervenga activamente en la clase como parte fundamental para su formación crítica e integral. Es una interpelación al alumnado que, a mi juicio, tiene una gran importancia en la estrategia docente porque pretende servir al profesorado para dinamizar la clase y crear una «sana tensión» entre los alumnos con el objetivo de mantenerlos en una continua atención dentro del aula. Que las respuestas de los alumnos sean acertadas carece de importancia, porque de lo que se trata es de abrir una ventana para establecer un diálogo con la clase que permita avivarla y estimularla.

Para esa tarea es muy conveniente (siempre que el número de alumnos lo permita) que el profesorado se aprenda los nombres de pila de sus alumnos. No se crea que estamos ante un tema baladí. Nada les impresiona más que al poco tiempo de comenzado un curso el profesor sepa sus nombres, es decir, que los identifique diciéndoles que sabe quién es cada cual y que para él nadie es un mero número en la clase. Es una forma de afirmarles que no solo quieres ser su «profesor» sino que estás dispuesto también a ser «su maestro». Que estás allí para lo que necesiten. La inteligencia emocional resulta parte constitutiva del ejercicio docente y elemento esencial en la preparación profesional de un enseñante.

En este sentido, el profesorado debe constituirse en un permanente y solícito tutor del alumnado y no únicamente en un enseñante áulico. Desde siempre he podido comprobar las múltiples utilidades de las tutorías. Y me refiero no solo a las tutorías que ellos solicitan, sino a las que también pueden/deben promocionar los propios docentes. La tutoría es un lugar privilegiado para efectuar una enseñanza/educación particularizada que tratando esencialmente de la materia de la asignatura puede extenderse también al ámbito más amplio de la preparación global intelectual del alumnado. La tutorización personalizada le permite al alumno una relación directa con su docente en la que puede encontrar ayuda para abordar problemas específicos de la materia u otros más generales que tengan relación con su maduración académica e incluso personal (hablamos de alumnos mayoritariamente entre 18 y 22 años)[25].

La tutoría, pues, debe ser contemplada no como un mero servicio obligado que figura en el correspondiente plan de ordenación académica anual, sino como una parte muy

25. Cf. Benito del Rincón, B. (2000). *Tutorías personalizadas en la universidad*. Cuenca, 2000; Francisco Michavila y Javier García Delgado (eds.), *La tutoría y los nuevos modos de aprendizaje en la universidad*. Madrid, 2003.

importante de la enseñanza de la historia para un discente en la medida en que con ella puede encontrar un complemento didáctico individualizado que en las clases tiene difícil realización. Una parte importante en la medida en que el profesorado no desdeñe la tarea de convertirse en preceptor, en un mentor que merced a sus mayores conocimientos y su mayor experiencia ayuda a sus alumnos a superar obstáculos en el proceso de formación de su propia personalidad intelectual, académica y profesional. Es decir, en un «profesor-maestro». En esa comunicación colectiva o individual con el alumnado debemos incluir también las potencialidades que tienen los «campus virtuales» de cada universidad y que creo que merecen una reflexión más rigurosa por las posibilidades que atesoran en la formación del estudiantado. Una necesaria reflexión para la que confieso no estar preparado.

Se me dirá, no sin falta de razón, que esta tarea de tutoría y mentoría requiere grupos reducidos de alumnos para ser eficaz. Sin duda alguna es cierto. Pero en este escrito que describe algunas situaciones insatisfactorias son precisamente las propuestas «ideales» lo que pretendo señalar, con la esperanza de que en algún siglo venidero (dicho con algo de ironía) puedan llevarse a la práctica[26]. El realismo no está reñido con intentar realizar las proposiciones que se consideren más idóneas, sino con quererlas llevar a cabo al margen de la realidad existente y sin estar dispuesto a reformularlas. Por eso creo que todo docente deber ser, cuando menos, un incansable

26.   En este sentido es de justicia recordar que diversas universidades se han ocupado del tema de la tutorización organizando programas específicos sobre su práctica. Con todo, pese a estas loables iniciativas lo cierto es que la estructura general de la enseñanza universitaria y las disponibilidades presupuestarias hacen que estas prácticas docentes se encuentren en situación muy subordinada y precaria, casi ritualista, en muchas universidades españolas. Cf. Antoni Pérez-Poch, Joan Domingo y David López, «La cultura docente universitaria», en Salvador Carrasco e Ignacio de Corral (coords.), *Docencia universitaria e innovación. Evolución y retos a través de los CIDUI...*, pp. 73-103.

reformista. Debe serlo en el sentido de no descorazonarse por sus propias condiciones laborales e institucionales, sino que tiene que partir de ellas para intentar mejorarlas con el objetivo de rendir lo máximo posible como docente. Parafraseando a Antonio Gramsci, podríamos decir que el optimismo de la voluntad (nunca ramplón ni panglosiano) es también una forma de inteligencia sin la cual no se puede cambiar la realidad. Por eso siempre he defendido que en verdad lo más inteligentemente humano es no ser pesimista por su intrínseca inutilidad personal y social (pero supongo que estarán los lectores de acuerdo en dejar este trascendente tema filosófico para otro momento y lugar).

En suma, la tutoría es una parte de la enseñanza de la historia que debe ser revalorizada y para la cual el profesorado tiene que prepararse y estar habilitado para obtener de ella las mayores ganancias posibles para sus alumnos. Y, hasta donde alcanzo a saber, casi nadie nos proporciona los instrumentos conceptuales y prácticos para una tutorización bien meditada y teorizada que desee alcanzar los fines formulados en beneficio de los discentes. Digo casi porque debo salvar de la anterior afirmación a algunos Institutos de Ciencias de la Educación que se preocupan por fomentar estas cuestiones tutoriales. Y, desde luego, resulta de necesaria justicia recordar que la masificación en el aula y las excesivas horas de docencia es bien verdad que, objetivamente, reducen su posibilidad práctica a su mínima expresión y eficacia.

Hay otra característica del profesorado que a mi parecer es esencial, aunque comprendo que pueda parecer acaso un poco cursi para algunos, poco comprobable científicamente y desde luego admito que no resulta fácil de crear y estimular. Me refiero a que el profesor universitario debe sentir y mostrar amor por la historia, por la docencia y por su alumnado. Un triple amor que es lo que permite mantener la tensión docente durante muchos días de clase y durante muchos años (con algunos días «malos», como es humanamente comprensible). Un triple amor expresado por un profesorado vocacional (palabra tan poco en boga y tan fundamental) que siente placer al historiar y placer por educar a sus alumnos, por recibir sus preguntas, por aprender de y con ellos, por enseñarles lo necesaria que es la historiografía, la trascendencia social de la historia y la importancia de saber pensarla para crear ciudadanos comprometidos con la sociedad y con el futuro de la especie y del planeta. El amor, y el compromiso que supone, es la base última sobre la que descansa la vocación de enseñar. Y amor, vocación y compromiso es lo primero que un alumno identifica de sus enseñantes de historia antes incluso que la calidad de lo que éstos saben y enseñan. Perdonan más que no se sepa algo, que una manifiesta falta de implicación en la tarea de formarles. De hecho, es precisamente la presión de dicho triple amor lo que debería ser la motivación principal para que el profesorado universitario de historia estuviera en permanente guardia para actualizar y perfeccionar la didáctica de sus asignaturas. Es decir, el amor por el oficio conduce al impulso deontológico de cuestionar constantemente las propias prácticas docentes para mejorarlas en beneficio de los alumnos, «sagrado» destino de todos nuestros saberes y habilidades.

Y junto al amor, permítaseme enunciar otro factor acaso no menos voluntarista también: la pasión. Si algo desmotiva a una clase en cualquier nivel educativo, incluyendo el universitario, es el profesorado «marmolillo», palabra que según el diccionario es un poste de piedra destinado a resguardar el paso de los carruajes, pero que aquí se emplea como una metáfora de profesor incapaz de trasmitir ni un ápice de pasión a sus alumnos por la materia histórica, por conocerla, por estudiarla, por entenderla. Hay una creencia que se me antoja cada vez más discutible que reza que la enseñanza de la historia debe entrar en el estudiantado por la vía soberana de la Razón. Como es lógico, como buen defensor de la Ilustración, no seré yo quien desmienta su carácter fundamental en los procesos de aprendizaje humanos. Pero mi propia experiencia personal me inclina cada vez más a pensar que primero se «entra» en los alumnos por el corazón para subir después hasta el cerebro. Es decir, que antes debemos emocionar a nuestros oyentes por la materia histórica y por la disciplina historiográfica y por lo importante que van a ser para sus vidas, para apelar seguidamente a que para entenderlas, dominarlas y explicarlas es fundamental utilizar el método científico como producto supremo de nuestra capacidad racional. Sin pasión tengo para mí que no hay verdadera enseñanza sino más bien, a lo sumo, en el mejor de los casos, transmisión de información o de saberes. El profesor debe buscar que el estudiante se conmueva en sus clases. Es cosa ya muy sabida gracias a la neurociencia que hay que conectar el «sótano» cerebral de los instintos y las emociones con el «ático» cerebral del razonamiento y el pensamiento crítico[27].

27.   Cf. António Damásio, *El error de Descartes. La emoción, la razón y el cerebro humano*, Barcelona,

La pasión de un profesor puede (suele) ser contagiosa para una parte significativa del alumnado. La pasión de un docente puede (suele/debe) crear ilusión en su alumnado: ilusión por saber historia, ilusión por ser mañana un profesional al servicio de Clío. El «contagio simpático» por una materia académica es elemento esencial para la buena enseñanza de la misma. Si el alumno ve un profesorado entusiasmado se siente más predispuesto a entusiasmarse mediante una efectiva «ósmosis emocional». La emoción es una gran arma pedagógica. Enseñamos contagiando afecto por lo que enseñamos. No desconozco que se me objetará que el amor y la pasión no son fácilmente objetivables a la hora de evaluar el comportamiento del profesorado, y que difícilmente pueden entrar en los baremos de acreditación. Pero ante esta razonable objeción formulo una

---

2006 (original de 1994); Ignacio Morgado, *Emociones e inteligencia social*, Barcelona, 2019; *Los sentidos. Como percibimos el mundo*, Barcelona, 2019.

pregunta: ¿no es cierto que la inmensa mayoría de los estudiantes sí saben distinguir perfectamente entre un profesor enamorado del oficio de enseñar historia y de la profesión de historiar, y que las ejerce ambas con pasión, de otro profesor que se muestra ante sus ojos como si estuviera ante una obligación docente no deseada? Y continúo con otro interrogante ¿no es cierto que muchos de los que estamos en la Academia somos precisamente «hijos intelectuales y docentes» de profesores enamorados, comprometidos y apasionados por estudiar y enseñar la historia? Se me argüirá presumiblemente que se trata de cualidades de personalidad que no podemos exigir a todo el personal del claustro universitario. Pero, entonces, culmino con dos preguntas más: ¿acaso no las podemos exigir a quienes, previsiblemente, durante decenas de años van a tener en sus manos parte de la formación intelectual y del destino profesional de miles de alumnos? ¿Acaso no las debemos reclamar a quienes van a tener que trasmitir la comprensión, socialmente fundamental, del funcionamiento y cambio de los sistemas sociales a través del tiempo, que no otra cosa es la función de la historiografía y el conocimiento de la historia como *magistra* de ciudadanía y de sociedades? Como puede adivinarse, en realidad son todas ellas preguntas de carácter retórico.

Pero a pesar de su estratégica importancia, no basta con solicitar estos atributos personales entre los que también deberían contarse las habilidades sociales de las que aquí no podemos ocuparnos. En estos tiempos de trepidante renovación tecnológica, la docencia presencial a la que me estoy refiriendo requiere que, en el marco de una didáctica de la historia universitaria concebida global e integralmente, el profesorado esté bien preparado para la utilización de los más diversos recursos, muchos de ellos instrumentos tecnológicos que le puedan auxiliar en su docencia. Eso sí, reflexionado un uso medido, ponderado y adecuado de cada tecnología respecto a los objetivos de aprendizaje que se marquen para la asignatura, sin caer nunca en el «fetiche» de que más tecnología es sinónimo de mejor enseñanza. Ni tampoco en la falsa creencia de que todo cambio es sinónimo de progreso. Y sin olvidar tampoco la influencia (positiva/negativa) que la llamada Inteligencia Artificial puede tener en el futuro del oficio de historiador y de la enseñanza de la historia y, especialmente, en la forma en que los alumnos pueden adquirir el conocimiento histórico sin apenas participación del profesorado[28]. En este sentido, es notoria la utilidad, por ejemplo, del *PowerPoint* para determinados momentos expositivos, pero no menos evidente resulta que, con más frecuencia de la deseada, su empleo raya

28.   Sobre esta novedosa problemática Cf. Antonio Carrasco, «Reinventando la enseñanza de la Historia Moderna en secundaria. La utilización del ChatGPT para potenciar el aprendizaje y la innovación docente», *Studia Histórica. Historia Moderna*, vol. 45, n. 1 (2023), pp. 101-145.

en el absurdo cuando se convierte en una mera guía de lectura del propio profesor en clase, que acaba a la sazón travestido en una especie de «manual hablante» escudado en su práctica docente mediante dicho instrumento tecnológico como si este último supliera sus responsabilidades explicativas. Entonces, el profesor-manualillo que repite el manual es sustituido por el profesor-*power* que lee una pantalla con meros y puntuales aderezos de su propia cosecha. Pareciendo más «moderno», no hace más que repetir lo más «antiguo». Recordemos, en cualquier caso, que la tecnología debe apoyar y nunca suplantar al profesorado.

Y en cuanto a la utilización de tecnología por parte del alumnado en el trascurso de la clase, debo confesar que por propia experiencia me parece muy recomendable que se le aconseje no utilizar ordenadores ni tablets, salvo que lo requiera el propio docente para la realización de prácticas con estos medios. Cada vez está más demostrado que son menos operativos para su capacidad de atender en clase y de sintetizar ideas que el veterano sistema amanuense de tomar apuntes, que les permite una mejor captación y comprensión de las exposiciones orales, parte esencial de cualquier didáctica. Una recomendación que además posibilita que las clases sean un oasis terapéutico de desintoxicación respecto al mundo virtual/digital en el que vivimos y que tan serias repercusiones se demuestra que está teniendo para la salud de los más jóvenes. Amén, por supuesto, de que en aulas con alta población resulta francamente difícil saber si el alumno está utilizando el ordenador para la clase o bien está inmerso en el arcano universo de Internet. En cualquier caso, como cuestión personal, recomiendo las tablets específicas para tomar apuntes con lápiz óptico que suman lo más positivo del sistema tradicional con las ventajas de un miniordenador.

Es más que posible que todo lo anterior sea considerado más bien empirista y poco conceptual, más ideográfico que nomotético. Y desde luego es cierto que se trata de un sucinto desiderátum que expresa idealmente aquello que, a mi juicio, desde mi experiencia, debería alumbrar una parte de la enseñanza de la historia en la universidad y de lo que podría ser un modelo de profesional de la misma. Algo pensado a partir de mi propia observación que no aspira a ninguna categorización universal. Algo que como puede apreciarse no entra en los terrenos de la teórica didáctica, sino que solo aspira a ser una exposición crítica (subjetiva) de la situación existente, a realizar algunas modestas proposiciones y a convertirse en una especie de llamada al combate ante lo que considero una ausencia nociva e injustificada. Se me dirá, además, con razón, que ese tipo de ideal docente, en el caso de que fuera aceptable, no es nada fácil de conseguir porque requiere virtudes que en parte pueden aprenderse, pero también pueden ser consideradas como la expresión del carácter y la personalidad de cada profesional. Es desde luego esta una realidad evidente. Pero mi posición es que sean innatas y/o producto de un aprendizaje (lo cual quiere decir que partiendo de cualquier personalidad siempre se puede mejorar aprendiendo), lo cierto es que me parecen fundamentales a la hora de enseñar una materia tan viva, tan compleja, tan poliédrica, tan controvertida, tan utilizable ideológica y políticamente como es la explicación de las sociedades del pasado. Por respeto a los ciudadanos-alumnos y a la sociedad que nos paga el sueldo (hablo de funcionarios públicos) debemos éticamente aspirar a que solo formen parte de la academia universitaria para enseñar historia quienes demuestren cualidades objetivas para ello y quienes a partir de las mismas se formen de manera permanente para el oficio de enseñar historia e historiografía. Demostración de cualidades que no se efectúa solo a través de mero análisis cuantitativo en los procesos de acreditación, sino mediante un seguimiento permanente por parte de la institución académica que es la que debe responsabilizarse directamente de señalar el tipo de profesorado que desea y de la idoneidad del mismo en su práctica docente cotidiana. Y que en este empeño de la selección del profesorado sería menester que reclamara con radicalidad su plena autonomía.

Y esta última aseveración me sirve para reclamar una cualidad fundamental del profesorado de historia en la universidad que, a mi criterio, forma parte esencial de su deontología profesional. Me refiero a la neutralidad ideológica. Es decir, a no caer en la tentación, a veces imperceptible, de formar parte de un adoctrinamiento político del alumnado. Reconozco que estamos ante una delicada y difícil cuestión llena de aristas, de graduaciones y de matices. No digo que el enseñante no tenga su axiología, y no pido el imposible de que la anule plenamente en clase cual si se tratase de un robot. Lo que afirmo es que el enseñante de historia debe ser especialmente sensible (frente al de física, química o biología, por ejemplo) en estar en permanente vigilia para que su docencia no incluya el adoctrinamiento partidista de carácter religioso, étnico, político, de clase social o patriótico nacionalista.

Lo que digo es que debe centrar su enseñanza en una visión ecuánime y ponderada del desarrollo de las sociedades en el transcurso del pasado. Eso significa que cuando sobre un personaje, tema o época existan diversos puntos de vista historiográficos (lo cual es lo común y la riqueza de nuestra disciplina), los exponga ante el alumnado procurando fomentar su actitud crítica para que forme sus particulares posiciones interpretativas. Y que, en ese marco, sea el propio docente quien explicite, si acaso las tiene, sus ponderaciones históricas proclamando alto y claro que son las suyas personales ante el tema que se trate. Todos sabemos el poder de «persuasión» que puede tener un profesor en clase. Todos sabemos lo mucho que influyen las ideologías en las visiones del pasado y estas últimas a su vez en las primeras. Pues bien, consciente de estas dos realidades, el profesorado universitario de historia debe ser especialísimamente sensible y cuidadoso en que su tarea no contribuya al bastardo adoctrinamiento ideológico. Ni tampoco a alimentar interpretaciones anacrónicas, teleológicas o contrafactuales del pasado. La enseñanza de la historia es una tarea dedicada a explicar razonadamente (y de manera didáctica) el producto intelectual fabricado por una ciencia llamada historiografía que tiene de suyo que se construye a partir del trabajo colectivo de una comunidad científica de profesionales que aceptan crear conocimiento del pasado a través del método científico. Por eso el profesor de historia se alimenta solo para su docencia de lo que la ciencia histórica le proporciona y no de lo que las ideologías demandan.

Llegados a este punto se dirá, con plena razón, que los métodos didácticos de aprendizaje de la historia en la universidad no son independientes de lo que pensemos que tiene que ser aquello que debe enseñarse para conseguir la adecuada formación de un estudiante del grado de Historia. Es decir, del tipo de egresados que debemos crear en relación con las salidas profesionales realmente existentes ahora y en los próximos tiempos en el mercado laboral. Aunque es verdad que se trata de una cuestión cuya amplitud y complejidad merecen un tratamiento más amplio y detallado, creo que en el marco de estas reflexiones es preciso al menos hacer algunas someras consideraciones.

Para desarrollarlas, bueno será entonces que nos hagamos unas primeras y cruciales preguntas: ¿debe ser el de Historia un grado para preparar investigadores, enseñantes o gestores culturales? ¿Debe el grado de Historia tener también entre sus objetivos el crear un mayor capital social de ciudadanía? ¿Todo lo anterior se puede aspirar a conseguir al mismo tiempo y sin contradicciones en la estructuración de un mismo plan de estudios? ¿Cuáles deben ser, en suma, los conocimientos y las competencias a adquirir por un graduado en Historia?

Sé bien que los informes para acreditar o verificar una titulación de Historia están llenos de presupuestos e indicaciones acerca de lo que idealmente debe ser un egresado en dicha disciplina. En mi opinión, la piedra angular de los mismos está situada en algo que resulta lícito defender: los grados de Historia se sustentan en la premisa convertida en axioma de que el objetivo ideal final es formar profesionales que se van a dedicar a la investigación y/o la enseñanza del pasado desde una concepción pedagógica que sostiene que ambas actividades se retroalimentan favorablemente. Con los matices expresados líneas arriba al respecto, se trata de una concepción que comparto en términos genéricos: cuanto más conocimiento y reflexión histórica produce un investigador, estará potencialmente en mejores condiciones para ejercer la enseñanza al tiempo que la práctica de la misma será beneficiosa para su historiar (eso al margen de las cualidades personales requeridas y antes mencionadas) en la medida en que la docencia obliga a ciertas habilidades que repercuten en la preparación como estudioso del pasado. Y esa dualidad, si bien es más difícil de sostener para los niveles de la secundaria puesto que es sabido la dificultad que sus docentes tienen objetivamente para investigar, parece que si se entiende como básica para aquellos que se vayan a dedicar a la enseñanza de la historia en la universidad.

Desde esta perspectiva, el estudiante futuro enseñante y/o investigador debe tener en primer lugar un satisfactorio conocimiento de las diversas épocas históricas. Por eso, si se analizan los planes de estudio de los grados de Historia (sobre los que cabría hacer una indagación comparativa detallada de sus contenidos y de sus modos y ritmos de aprendizaje) puede apreciarse que en su mayoría suelen tener todavía la característica central de ser «enciclopedistas» en cuanto a los conocimientos a adquirir sobre las diversas etapas de la humanidad. A saber: parten de la concepción sin duda certera de que para sus dos salidas profesionales principales de investigar y/o enseñar (además de un largo etcétera de otras mucho más minoritarias en archivos, editoriales, medios audiovisuales o turismo cultural), la estructura básica de dichos planes de estudio debe gravitar en que el alumnado transite *sine qua non* por el conocimiento acumulativo de las diversas épocas de la historia (fundamentalmente europea y americana, pero también africana y asiática) para conocer con detalle las principales vicisitudes de cada una de ellas y las diversas interpretaciones historiográficas sobre las mismas. Y, en consecuencia, a la par que se ha ido especializando el oficio de historiar aumentando con ello nuestros conocimientos, los periodos históricos a conocer en la vida universitaria han ido también experimentando una mayor presencia en los planes de estudio mediante la subdivisión de cada una de las grandes épocas históricas en otras de dimensiones menores o de temáticas específicas. Lo cual, no lo olvidemos, junto al relativo aumento de estudiantes en algunas universidades, han permitido las consiguientes ampliaciones de las plantillas de profesorado hasta tiempos recientes anteriores a la tasa de reposición.

La forma y manera universal de conseguir este conocimiento positivo de las diversas épocas es una sucesión diaria de asignaturas en clases consecutivas, sin a veces el tiempo necesario para el descanso del alumnado, en la que el centro académico correspondiente ha confeccionado un plan de estudio que a menudo sitúa las diferentes etapas históricas (o materias) de manera incongruente. De tal forma ocurre, que no siempre se contemplan los intereses objetivos del discente, sino que más bien resulta el producto de la «lucha» de los diferentes «ámbitos gremiales» por tener créditos para poder proporcionar salidas profesionales a los discípulos correspondientes. Sé bien que es incómodo de decir, pero considero que tras cuarenta y ocho años en la Academia es una afirmación que puedo sostener: los procesos lógicos del aprendizaje del alumnado con frecuencia no son los que más iluminan la confección de los planes de estudio del grado de Historia.

No creo en absoluto que la progresiva atomización de asignaturas por épocas vaya en el mejor de los sentidos. Incluso en algunas universidades está llegando a un grado de disgregación temporal contraproducente para un alumno de grado. A mi modo de ver *«less is more»*, es decir, la menor fragmentación de asignaturas por épocas puede permitir un conocimiento más integrado de las grandes etapas históricas. Por tanto, sería conveniente no articular un corporativismo gremial defensor del máximo de asignaturas por periodos temporales para cada área de conocimiento. Unas asignaturas que normalmente se conciben además como una especie de «contenedor» estanco de saberes sin una verdadera conexión con otras asignaturas ni siquiera que sean de la misma área. En lugar de esta hiperfragmentación, es mi opinión que resultaría más conveniente poner en mayor relación al alumnado con otras disciplinas para poder conectar e integrar sus conocimientos con los propiamente históricos en aras a comprender mejor los fenómenos sociales. Dada la intrínseca complejidad de la materia histórica, creo que deberíamos aspirar a que la enseñanza universitaria de la misma no esté demasiado subdividida en épocas durante el grado, sino que obedezca a generar en el alumnado un pensamiento de lo complejo que esté libre de reduccionismos y de apriorismos identitarios o ideológicos, para lo cual es muy conveniente su conocimiento de lo que otras ciencias sociales aportan para explicar el funcionamiento de las sociedades pretéritas.

Por supuesto que no seré yo quien niegue la necesidad de tener un conocimiento adecuado (factual e interpretativo) de los diversos periodos de la historia para quienes después deben enseñarla o investigarla. Pero en tiempos de enciclopedias virtuales y de internet, es necesario ponderar de una manera más comedida la extensión de dicho conocimiento para el caso de cada época histórica. Y ello bajo un precepto pedagógico básico que se me antoja de obligado cumplimiento: el profesor no debe hacer por el alumno lo que él ya puede hacer por sí solo. Es precisamente después de cumplir este precepto cuando hay que empezar a imaginar qué es lo que debe hacer el profesorado de historia en la universidad, sobre todo en cuanto a los conocimientos factuales que debe impartir y los que el alumno debe conocer motu propio.

Después de décadas de docencia he llegado a la conclusión personal de que los dos objetivos principales concatenados a conseguir en la formación del alumnado es saber pensar la materia histórica y saber cómo se construye el conocimiento histórico. Lo cual se sintetiza en la esencia del oficio de historiador: saber investigar y pensar sobre el funcionamiento y cambios de los sistemas sociales que a lo largo del tiempo y de los espacios ha ido construyendo la naturaleza humana en sociedad. O sea, aprender a construir una historia integradora en la que todo lo humano adquiera importancia y relación entre sí a partir de una teoría del devenir histórico. Es manifiesto que ya no se precisa un estudiante que domine toda la factualidad de un periodo más allá de conocer lo fundamental, puesto que además es una cuestión a la que se tiene pronto y fácil acceso no ya en los tradicionales manuales sino en los diversos formatos virtuales existentes. Resulta patente que una concepción polimática de la docencia histórica es insuficiente, puesto que no resulta cierto que el estudiante aprenda historia por la mera acumulación informativa (muchas veces pasiva) sobre las diversas épocas históricas. Saber «mucha historia» no debería presidir nuestros objetivos de aprendizaje para los alumnos. La aspiración de un grado de historia universitario no es la de formar eruditos sino que tiene que ser la de generar alumnos con la cabeza bien ordenada y pensante antes que con la cabeza llena de información. Aunque bien sabemos que una parte de la misma es imprescindible para su formación profesional, de lo que se trata es de formar al estudiantado para que piense la historia con autonomía personal y que no sea un mero repetidor de contenidos factuales. Un estudiantado capaz de convertir la información sobre el pasado en conocimiento del pasado, y capaz de navegar por Internet de forma inteligente y con un criterio preparado para la buena selección de contenidos.

De lo que se trata esencialmente es que el profesorado sepa hacer pensar históricamente al alumno y para ello no debe realizar en sus clases (del tipo que sean) lo que los alumnos ya pueden hacer por su cuenta tras la correspondiente tutorización profesoral, a saber, informarse de lo «acontecido». La tarea del docente en historia empieza después de que los alumnos conozcan mínimamente el periodo o la temática que se desee abordar desde la perspectiva factual. Entonces, liberado de esta tarea, comienza la esencia de la empresa pedagógica del profesorado. La didáctica de la historia en la universidad pasa por la premisa básica de que los alumnos, asesorados por sus profesores, sean activos lectores, meta que a su vez se debe estimular desde determinadas prácticas docentes del profesorado.

En todo caso, ese mayor protagonismo estudiantil es crucial para construir una didáctica de la historia en la universidad que teniendo en lo factual un punto importante de referencia, no debemos permitir que se constituya en el total de los saberes y habilidades que ha de poseer un egresado en historia. Entre las competencias del alumnado tiene que estar obligatoriamente el dominio de los contenidos informativos básicos, pero entendido como un medio y no como un fin. Un protagonismo estudiantil que, dicho sea de paso, debería ir acompañado de una concepción de los estudiantes respecto a su vida universitaria que no estuviera centrada solo en aprobar las asignaturas «de cualquier manera» y «por encima de todo». Y que no estuviera centrada tampoco solo en sus posibles derechos, sino también en un código deontológico de sus obligaciones, sobre todo en el caso de una enseñanza pública que sufraga una parte muy significativa del pago de su matrícula. Recuérdese, por ejemplo, aunque pueda parecer de Perogrullo, que debería ser considerada una obligación del discente el estudiar y el asistir a las diversas actividades docentes[29].

En definitiva, se puede saber mucha historia factual y no saber pensar el pasado científicamente. Y se puede saber mucha historia factual, saber incluso pensar el pasado a través de la ciencia y no necesariamente saber enseñarlo de forma adecuada para los jóvenes alumnos. El reto está precisamente ahí: en formar egresados de historia que sepan la suficiente historia como para saber pensarla, saber investigarla y entonces saber explicarla y hacerla pensar a los demás. Y

29. Resulta sin duda muy significativo que en la LOSU la lista de «derechos» de los estudiantes sea exhaustiva y bastante larga (cosa que no discuto, aun con algunas discrepancias que ahora no vienen al caso comentar), y que en cambio la relación de los «deberes» sea exigua y no contenga la obligación explícita de estudiar y aprovechar la oportunidad social que entre todos los ciudadanos sufragamos para el caso de las universidades públicas (Título VIII, artículos 33 al 36).

con un objetivo social último: saber reflexionar el pasado para ponerlo al servicio de la ciudadanía para que le ayude en el análisis de su presente y a confeccionar prospectivas de futuro. Es en este preciso sentido en el que antes hacía mención a que los planes de estudio no deben obviar, como un objetivo importante a conseguir, su aportación a la formación de graduados con una mayor densidad de ciudadanía, puesto que la educación universitaria debe aspirar a ser integral y a no marginar por tanto aquellas cuestiones que le ayudan a mejorar su condición de ciudadano. La enseñanza de la historia debe contribuir al aumento del capital social de una comunidad mejorando la formación cívica de sus componentes.

Por todo ello, pienso que la docencia de la historia en la universidad debería centrase sobre todo en formar en el oficio de historiador. Es a partir de la enseñanza del mismo desde el primer curso del grado donde el estudiantado debe empezar a prepararse en todas las competencias consustanciales para realizar en el futuro su tarea de investigador y/o docente: dominar los conocimientos básicos relativos a la historia factual, saber los problemas epistemológicos del historiar, conocer las principales tendencias historiográficas y aprender el método científico aplicado al conocimiento de la naturaleza humana en colectividad con todo lo que ello significa de dominio riguroso de términos y conceptos, capacidad de problematizar desde una teoría del devenir social y experimentar la tarea del historiador con la práctica en los archivos y las bibliotecas desde el primer momento. Si la historiografía como toda ciencia es una ciencia en construcción, entonces parece positivo enseñar al estudiantado aprender a «construirla» en primera persona para que en un mañana pueda enseñarla de manera adecuada a otros estudiantes. Es en este sentido en el que la historia como materia escolar debe concebirse como un conocimiento en construcción, como cualquier otro conocimiento científico, y no como un conocimiento dado y estanco por los historiadores y de apariencia incuestionable. Un conocer la historia por parte de los estudiantes que incluye por supuesto un corpus de saberes sobre el pasado, pero sobre todo trata de enseñar cómo se fabrican los mismos y cuáles son las preguntas que cabe hacerle al pasado y los correctos caminos heurísticos para resolverlas. El estudiante debe aprender desde el primer día de clase que no es de recibo la momificación del conocimiento del pasado.

Desde este enfoque, creo que los planes de estudios de historia en el caso del grado podrían pensar en realizar el siguiente decálogo de reformas.

Primera: reducir la enseñanza de las distintas épocas agrupándolas en bloques más extensos temporalmente en lugar de ir atomizándolas cada vez más al amparo de las necesidades y querencias del profesorado más que de una lógica de aprendizaje formativo. En todo caso, es en las maestrías o en los seminarios donde los periodos históricos pueden ser más circunscritos y los temas más concretos.

Segunda: introducir asignaturas propedéuticas en el primer curso que comporten conocer qué cosa es la ciencia y el método científico aplicado a lo social y cuáles son sus problemas específicos, sus limitaciones y la forma de abordarlos. En ese sentido, creo que tendrían que ser obligatorias cuatro asignaturas, que deberían estar coordinadas. A saber: introducción a la ciencia y metodología de las ciencias sociales, teoría y epistemología del conocimiento histórico, introducción a la investigación histórica e historia de la historiografía. Estas asignaturas me parecen especialmente relevantes en la porfía principal que tiene la historiografía por ubicarse en el estatus de ciencia frente a quienes se lo niegan, incluyendo entre ellos a los diversos posmodernismos[30]. Si

30.   Joaquín Prats y Roberto Fernández, «¿Es posible una explicación objetiva sobre la realidad

queremos ser plenamente considerados por los colegas de las ciencias de la naturaleza y también por el conjunto de la sociedad, nuestros egresados deberán ser competente para defender la cientificidad del historiar admitiendo sus propias particularidades epistemológicas que, teniéndolas, en nada le quitan la posibilidad de utilizar el método científico general. Lo que creo sumamente nocivo para su formación es que no sean capaces de identificar las axiologías, las ideologías y las ideas políticas, étnicas o religiosas que pueden contaminar el proceso y el resultado de la investigación histórica. Es decir, distinguir la ciencia de la seudo-ciencia. No debería ser aceptable que un egresado en Historia no supiera quiénes son, por ejemplo, Karl Popper, Mario Bunge o Thomas Khun.

-----

social? Reflexiones básicas e imprescindibles para investigadores noveles. Retos y dificultades para la enseñanza de la historia», *Didacticae* (2017), 97-110.

Tercera: impartir una introducción a la didáctica de la historia que sirviera de base para las posibles posteriores asignaturas en el Máster de Formación del Profesorado. Un par de asignaturas que enfrenten a los alumnos con los retos prácticos propios de dar clases de historia en los diferentes niveles educativos. De este modo, podrían cotejar críticamente la forma en que están ellos recibiendo la enseñanza de la historia en la universidad en un continuo fluir entre sus propias experiencias y los diversos modelos didácticos disponibles. Al tiempo que ese tipo de asignaturas les serviría también para reflexionar sobre la naturaleza del historiar y sus limitaciones.

Cuarta: asignaturas de introducción a la geografía, la antropología, la sociología, la economía y el derecho, pensadas y organizadas para la formación de historiadores en cuanto a sus posibles aportaciones a la teoría y metodología de la historiografía. El alumnado de historia debe saber que es parte de las ciencias sociales y que el diálogo fructífero con sus otras compañeras de viaje para comprender la sociedad le aporta muchos beneficios para pensar la materia histórica y su enseñanza.

Quinta: la posibilidad en el plan de estudio de cursar otras asignaturas en grados afines. El objetivo es que el alumno pueda elegir según sus propias motivaciones intelectuales otras asignaturas que tengan que ver con sus inquietudes formativas según las vaya detectando a lo largo del transcurso del grado. Sería ideal que se le indicara la conveniencia de un mejor conocimiento de la filosofía, la politología y la psicología social.

Sexta: la impartición de seminarios especializados sobre diversos temas o problemas históricos con una adecuada presencia del número de estudiantes en aras a una mayor eficacia en cuanto a la relación profesor-alumno. Es en estos seminarios donde el docente podría también explicar sus propias investigaciones. Los seminarios deben ser entendidos como una pieza estratégica en el proceso formativo de los estudiantes y no como una mera formalidad que sirva para completar determinadas «cargas docentes» del profesorado. Es en ellos, además, donde especialmente se pueden crear «grupos de trabajo» de estudiantes y celebrar debates historiográficos, y donde se pueden también perfilar los trabajos de fin de grado y generar un futuro interés por realizar las maestrías. Por eso, su contenido y planificación no debe quedar meramente al arbitrio del «gusto» personal de los diversos docentes, sino formar parte de una programación anual (o bianual) consensuada en el interior de la titulación.

Séptima: la heurística de la investigación histórica centrada en la práctica del archivo debe tener un protagonismo esencial en la formación del alumnado porque en este ámbito natural del historiador es donde puede calibrar realmente el oficio experimentando en primera persona las posibilidades, los condicionamientos y las limitaciones del conocimiento del pasado. Se aprende historia, ejerciendo de historiador, es decir, historiando. Naturalmente, para ser operativa esta tarea debería realizarse a través de reducidos grupos de alumnos y, aunque también puede efectuarse en el marco del aula, la preferencia debe ser el trabajo presencial en los archivos. Este conocimiento es también fundamental para quienes deseen dedicase a la enseñanza en la educación secundaria, dado que una parte de la correcta didáctica de la historia se basa en la simulación del trabajo del historiador.

Octava: cursar asignaturas instrumentales para los trabajos de investigación o la confección de estrategias didácticas. Entre ellas cabe citar las tecnologías y sus aplicaciones, la estadística, la elaboración de encuestas, la iniciación a la escritura, la compresión de textos o la consulta de fondos documentales y de repertorios bibliográficos. Se atiende con ello a un doble objetivo. Primero: que el estudiantado sepa elaborar y gestionar aquellos procedimientos, recursos y utensilios que le permitan investigar o preparar la docencia. Y segundo: que sepa gestionarse en el complejo mundo de buscar información (bibliotecas/internet) para sus necesidades académicas y para sus menesteres profesionales docentes o investigadoras futuros.

Novena: en la medida de lo posible habría que detectar entre el claustro aquel profesorado que por sus propias características personales fuera más idóneo para impartir clases en primer curso dadas sus dotes de motivación y dominio de los grupos con mayor número de alumnos. No todo profesor sirve para dar clases en primero y desde luego que es poco recomendable que lo hagan los más noveles, salvo excepciones demostrables. El profesorado de primer curso debe convertir la entrada en el grado en una oportunidad para desplegar la motivación de los alumnos por la historia y por la historiografía.

Y décima: si se me pidiera una cuantificación aproximada de la estructura del grado (240 créditos) a partir de lo expuesto propondría, a modo simplemente de ejemplo, que estuviera compuesta por: 108 créditos de conocimiento de épocas históricas (18 asignaturas de 6 créditos); 24 créditos de asignaturas teóricas (4 asignaturas); 24 créditos de introducciones (4 asignaturas); 24 créditos de trabajo en archivos; 18 créditos de habilidades instrumentales (3 asignaturas); 18 créditos de seminarios (3 seminarios); 12 créditos de didáctica (2 asignaturas); y 12 créditos de asignaturas de otros grados (2 asignaturas). Y si además se me pidiera una posible distribución por asignaturas referidas a épocas históricas podría ser: 6 Historia Contemporánea / 4 Historia Moderna / 4 Historia Medieval / 2 Historia Antigua/ 2 Prehistoria (incluyendo introducción a la arqueología).

Esta utópica (que no quimérica) propuesta está elaborada a partir de los cánones actuales que distribuyen el grado en cuatro años. Sin embargo, en mi opinión, la universidad debería ser más pausada y macerada en la creación de sus egresados pensando que el viaje académico para ellos debería contemplarse no solo como el de la creación de futuros profesionales, sino de competentes ciudadanos libres y críticos que ejercen una profesión con altas responsabilidades sociales. Eso significa que el grado de Historia (y otros) bien podría durar uno o dos años más, lo cual permitiría desarrollar mucho mejor su proceso de maduración académico y personal redundando con ello en una mejor profesionalidad que siempre resulta más rentable para el bien social. Pregunto ¿tanto significa para el «mercado» que un estudiante acabe su grado a los veintitrés o veinticuatro años en lugar de a los veintidós? ¿acaso es misión de la universidad producir «piezas» para el engranaje productivo antes que ciudadanos profesionales?

Al margen de que se pueda o no estar de acuerdo con este enfoque general y con estas propuestas aquí únicamente esbozadas a título de mero ejemplo, no desconozco en absoluto lo que las mismas significarían para el actual estado de cosas, para el diseño convencional de lo grados y para la preparación y dedicación del profesorado. Se trata de un paradigma en cierta medida alternativo que supone sin duda importantes mutaciones. Una me parece muy importante, habría que aumentar el número de plazas de profesores (no es lo mismo una didáctica para veinte alumnos que para ciento cincuenta: la demografía tiene un gran peso en las estrategias de enseñanza), reducir el número de horas docentes (no es lo mismo dar 12 créditos que 24) y rediseñar las funciones y contenidos docentes de una parte del profesorado, cosa que todos sabemos que no es un obstáculo nada fácil de salvar frente al peso de la rutina y ante los «derechos consolidados».

Para progresar en este conjunto de reformas propuesto, resulta imprescindible que sean tenidas en cuenta las propias necesidades de los docentes en el sentido de crear las condiciones materiales, laborales y profesionales que puedan motivarlos para afrontar las innovaciones didácticas en la medida en que su universidad les asigne un número de alumnos y de créditos que no haga imposible su implicación para efectuarlas. Debe solicitarse al profesorado mayor interés por la mejorara didáctica, pero no puede pedírsele que lo haga en medio de una situación absolutamente adversa y desmotivadora. El conflicto entre lo uno y lo otro suele resolverse a favor de la inanición. Si se quiere promover un cambio de actitud efectivo en cuanto a la mejora docente, hay que crear las condiciones institucionales y materiales objetivas por parte de las autoridades ministeriales y académicas para poder alcanzarla.

Escucho por los pasillos de las facultades a numerosos colegas que piensan que ya poco se puede hacer pues la calidad de los estudiantes que tenemos es tan precaria que todo intento de ir más allá del mero cumplimiento funcionarial está condenado a convertirse en agua de borrajas. Que nada se puede hacer con estudiantes mal preparados por la primaria y la secundaria y con bastante menor capacidad de resiliencia y de cultura del esfuerzo. Escucho que nada se puede hacer con tantas horas de clase y tanta burocracia. Que ya se hace bastante con sobrevivir en un mundo académico cada vez más «hostil» lleno de burocracias a menudo desmotivadoras, que está fomentando que muchos docentes se sientan desencantados y piensen más en la futura jubilación que en mantener una creativa tensión por la enseñanza de la historia.

No se crea que no entiendo gran parte de estos descontentos y estos desencantos de mis queridos colegas. Algunos los considero sumamente comprensibles y otros me parecen, sin embargo, en algunas ocasiones, un cierto «autojustificante» para la propia inacción. Pero al margen de que siempre es discutible hablar sobre las distintas «calidades» de cada generación estudiantil dado los distintos contextos educativos, sociales y tecnológicos en los que se desarrollan, la realidad dicta que son los alumnos que son y por ello merecen el constante combate del profesorado universitario por perfeccionar su oficio de enseñantes con mayores y mejores recursos pedagógicos y didácticos. Eso significa, lisa y llanamente, que tenemos la obligación deontológica de ocuparnos seriamente de qué tipo de graduados de historia estamos ofreciendo a la sociedad y de cómo y para qué los formamos. Permítaseme una idea simple que sin embargo siempre deberíamos tener presente: cuanto mejor formemos a nuestros estudiantes de historia mejor enseñarán ellos a sus futuros alumnos y en consecuencia mejores alumnos tendremos el día de mañana. Se trata de un círculo virtuoso que en cierta forma empieza por la enseñanza universitaria de la historia y del oficio de historiar.

Somos mayoría los profesionales que pensamos que la historiografía es una disciplina científica con una necesaria y positiva utilidad social. Pues bien, el beneficio ciudadano de la misma empieza con la tarea de enseñarla y divulgarla con la mayor calidad y eficacia posible. Y eso no se puede conseguir si prescindimos de una autocrítica permanente en nuestro oficio de profesores universitarios y no acudimos con decisión y con esperanza de mejora a la innovación docente de la mano de una disciplina que debemos considerar como imprescindible para enseñar con rigor científico la historia y el oficio de historiador: la didáctica. Entonces será cuando podremos también reclamar el máximo de nuestros alumnos que, dicho sea de paso, bueno sería que nos exigieran más a nosotros y que no practicaran un cierto escepticismo pensando que total para qué si después no hay un puesto de trabajo digno como investigador o enseñante de historia al que poder acceder. En realidad, esa mutua exigencia entre profesorado y alumnado es creativa y nos lleva a un combate compartido por la mejora constante de la enseñanza universitaria de la historia ahora que además es posible (no perdamos las esperanzas) que se abran caminos nuevos para una mayor contratación de docentes universitarios con la nueva ley orgánica de la LOSU (posible mayor contratación en la cual habrá que orillar el peligro que tendría el hacerlo con premura y sin rigor, hipotecando la universidad española del futuro con un profesorado sin las debidas cualidades).

En conclusión, es necesario y urgente que la didáctica de la historia en la universidad tenga quien le escriba. Es necesario y urgente que todos nos pongamos manos a la obra. El alumnado no instalándose en una desesperanza resignada y exigiendo al profesorado la mayor eficacia docente sabiendo que sus resultados son precisamente el mayor capital del que dispondrá para sus futuras profesiones. Un alumnado, por tanto, que no conciba la enseñanza como una mera cuestión de trámite para obtener un diploma que le permita ejercer, sino como parte de su formación integral como ciudadano. El profesorado tomando plena conciencia de que es condición de su deontología profesional el repensar crítica y creativamente sus estrategias didácticas para la continua mejora de su actividad docente. Y que para ello debe invertir tiempo y esfuerzos en conseguir una preparación específica que tiene que dialogar con los diversos saberes de la pedagogía a fin de perfeccionar su práctica educativa en beneficio de miles de estudiantes. Y a las diversas autoridades académicas y gubernamentales, cabe pedirles que estimulen lo anterior creando las adecuadas condiciones laborales y mediante efectivos mecanismos institucionales que otorguen al perfeccionamiento docente el papel fundamental que tiene en la actividad académica del profesorado universitario, así como que inciten con normas precisas a este último a dedicarse a dicha tarea sabiendo que su inversión en esos menesteres didácticos será recompensada también curricularmente, logrando de este modo que la docencia no continúe siendo la pariente pobre frente a la investigación.

No hay nada más valioso para una sociedad que invertir lo que fuere necesario en crear un profesorado universitario (de historia) que esté poblado por gentes vocacionales que entiendan perfectamente la trascendencia de su tarea para el progreso social[31]. Y los gobiernos deberían comprender que son los buenos profesores el verdadero capital de una prestigiosa universidad que, a su vez, es el principal capital estratégico para una sociedad más armónica, solidaria y justa. El poder político y académico tendría que ser consciente del enorme valor social que tiene invertir en crear buenos docentes universitarios y que esta es una labor lenta

31. Permítaseme en este punto una breve digresión personal. He pensado siempre y he dicho con una pizca de ironía a muchos de mis colegas, que esperaba que las autoridades no supieran que me estaban pagando por aquello que más me gustaba hacer en la vida, algo por lo que si no fuera por la lógica necesidad de subsistir pagaría para que me lo dejaran hacer. De ahí que mi próxima jubilación me obligará a buscar el lenitivo posible para poder seguir siendo feliz enseñando historia, aunque ahora ya sea sin estipendio alguno.

que no se improvisa, que requiere tiempo de maceración, y también presupuestos. Debería recordar que el valor fundamental para el buen funcionar de una empresa pública depende sobre todo de la calidad de sus empleados y, por ende, de la adecuada manera de seleccionarlos y de su continuada formación profesional. Si la universidad es centro nodal del futuro de un país, si el conocimiento científico del pasado es parte esencial para labrar su progreso, entonces disponer de un profesorado universitario de historia capaz de realizar una docencia de calidad contrastada se convierte en una labor de primer orden a la que todos deberíamos contribuir. A saber: la tarea de «fabricar» ese tipo de profesorado de historia que los alumnos «reconozcan» agradecidos toda su vida porque realmente influyó en ella para bien. Y en la primera línea de esa empresa debemos estar los académicos que cada día entramos en las aulas para compartir la enseñanza de la historia con nuestros alumnos. No nos olvidemos nunca: si explicar historia es razonar sobre la vida humana en sociedad para entenderla y poder mejorarla, quienes nos dedicamos a esa función social tenemos el deber moral de ser adecuados profesionales en la maravillosa función de enseñarla. Para *ser* un docente de historia hay que estar dispuesto a asumir el compromiso y la responsabilidad de *hacerse* un docente de historia. Eso quiere decir que es imprescindible asumir con todas sus consecuencias que somos *profesionales* de la docencia en la universidad y no solo investigadores[32]. Si es cierto que la universidad no debe ser una academia sin investigación, tampoco puede ser un laboratorio sin docencia.

Esta última ha sido en realidad una de las principales reivindicaciones de lo expuesto hasta aquí. Pudiera ser que algún avezado lector del presente escrito lo considere, no sin parte de razón, algo así como la exposición de un arbitrista o de un

---

32.   Cf. Carlos Larrinaga, Antonio J. Pinto (eds.), *El historiador como docente*, Santander, 2021.

proyectista. O quizá incluso, en tono algo peyorativo, un texto más bien «voluntarista», un relato bien «intencionado» casi rayano en el «buenismo». El producto poco realista de un optimismo incontrolado. Algo que en realidad sirve más para «higienizar» el sistema y para consolidarlo en lo esencial que para cambiarlo. Si fuere así, diré con la debida esperanza que espero y deseo que al menos sea considerado el texto de un buen arbitrista, es decir, el producto de quien al menos sabe de lo que habla y lo hace con cierto tino. Un arbitrismo que puede ser coyunturalmente utópico (como tantas veces en la historia), pero que de manera consciente huye de resultar quimérico, es decir, conformado por propuestas fantasiosas inexorablemente irrealizables. Incluso diré en mi descargo que, al margen de mayores disquisiciones filosóficas para las cuales no tengo destreza, siempre he creído que la mejora de la realidad pasa por confiar que lo mejor del ser humano es capaz de encaminar la sociedad hacia mayores cuotas de civilización en su lucha contra la barbarie, y que para ese necesario combate la voluntad de ejercer la crítica objetiva y constructiva de lo existente y de articular el optimismo para proponer «políticas» con el objetivo de transformarlo en beneficio de la ciudadanía, resulta sencillamente imprescindible. A mi juicio, lo contrario conduce al final al más improductivo nihilismo que no sirve más que para justificar un improductivo conformismo que deja las cosas inalteradas.

Y digo para finalizar: claro que es necesario que se cambien muchas de las condiciones estructurales en las que se ejerce la docencia en la universidad (condiciones laborales, sueldos, estabilidad académica, clases no masificadas, impartición de un número de créditos razonable), pero tenemos que ser conscientes de que por mucho que ello acreciente las posibilidades objetivas de hacer una mejor enseñanza de la historia, debemos reconocer que se trata de una condición necesaria pero no suficiente. Aunque todas las circunstancias laborales estén a favor, no aseguraremos mecánicamente perfeccionar la docencia del profesor de historia en su aula universitaria. Para conseguirlo debemos ser más exigentes en nuestro modelo de profesional docente, crear una cultura del docente en historia y también fomentar su formación continua a través de los instrumentos que las ciencias del aprendizaje nos proporciona. Y entre ellos la didáctica debe ser una permanente compañera. Un profesor universitario no tiene solo una «actividad docente» que realizar, lo que tiene es una «profesión docente» que ejercer y perfeccionar como núcleo fundamental de su actuación académica. Y defender esta idea es la mejor forma de servir con provecho a nuestro estudiantado y a la sociedad.

Por eso me parece oportuno acallar mis palabras recordando las de George Steiner:

> Enseñar con seriedad es poner las manos en lo que tiene de más vital un ser humano (…) Una enseñanza defi-

ciente, una rutina pedagógica, un estilo de instrucción que, conscientemente o no, sea cínico en sus metas meramente utilitarias, son destructivas. Arrancan de raíz la esperanza. La mala enseñanza es, casi literalmente, asesina y, metafóricamente, un pecado (…) Millones de personas han matado las matemáticas, la poesía, el pensamiento lógico con una enseñanza muerta y la vengativa mediocridad, acaso subconsciente, de unos pedagogos frustrados[33].

Espero y deseo que la enseñanza de la historia en la universidad consiga no ser mera rutina. Espero y deseo que sea concebida como una profesión sí, pero como una profesión que requiere un cierto «sacerdocio» vocacional de servicio al estudiante. Un oficio artesanal al que se le debe conceder una libertad creativa que las universidades deberían proteger y no cercenar como parece

33. George Steiner, *Lecciones de los maestros*, Madrid, 2016, p. 26

que es el caso de un cierto normativismo dogmático que puede acabar ahogando y desmotivando al profesorado.

A pesar de mi optimismo casi antropológico, no ignoro que lo más probable es que el presente escrito no sirva para impedir que todo siga exactamente igual en los próximos muchos años. Adivino que el destino primero de este texto será el camino de la irrelevancia. Solo confío, porque de otra manera no me hubiera puesto en el empeño, que tenga algún interés para alguien y que pueda ser considerado en el futuro. Mientras tanto, valga al menos como un parcial testimonio autocrítico de lo que no he hecho y debería haber efectuado en mi larga trayectoria académica. En el curso académico de mi jubilación, me parecía moralmente obligado entonar el *mea culpa* sin buscar con lo dicho aquí ninguna imposible redención.

AGRADECIMIENTOS

Nunca deberíamos pensar que una obra intelectual, por modesta que sea como la presente, es una creación de factura exclusiva de quien la escribe. Por eso deseo agradecer a los amigos que han tenido la enorme amabilidad de dedicar su preciado tiempo a leerla y comentarla, generosidad que sin duda la ha mejorado con creces respecto a su versión original. Algunos son prestigiosos colegas historiadores como mi maestro Carlos Martínez Shaw, que cuatro décadas después sigue mejorando mis opiniones, Ricardo García Cárcel, Paco Chacón, José Luis Gómez Urdañez, Antoni Passola o José Luis Betrán, que además fue quien tuvo la amable «osadía» de encargarme la conferencia que ha dado origen a este escrito. Los hay que además de su faceta de investigador en historia se encuentra entre los máximos especialistas en las cuestiones de la enseñanza de la historia como es el caso de Ximo Prats, Alejandro Tiana o Francisco García González a su vez prestigioso modernista. También quienes desde el área de la sociología como Fidel Molina o desde la especialidad del derecho constitucional como Daniel Fernández Cañueto, han contribuido a ampliar el campo de visión de mis reflexiones. O como Xavier Grau, cofrade del ámbito de la mecánica de fluidos, a quien me place agradecer su minuciosa lectura a la par de reconocerle públicamente que, siendo de los académicos que mejor conocen el sistema universitario español, fue un excelente mentor en mi etapa de rector y presidente de los rectores españoles. Decir igualmente que si ha sido posible esta publicación es gracias a mi admirada rectora de la Universidad de Granada, Pilar Aranda, y a su excelente Servicio de Publicaciones. A todos ellos, muchas gracias de corazón. Y como suele advertirse con toda razón, nada de lo que aquí se afirma es patrimonio de su responsabilidad. Y para finalizar quisiera agradecer la paciencia de los miles de alumnos que he tenido durante estos cuarenta y cuatro años y decirles que han sido para mi el tesoro más importante que he querido cuidar en mi vida universitaria. Y como siempre dedicar esta breve obra a mis seres más queridos que tanto hacen para que yo viva mi vida con equilibrio, serenidad y felicidad: Eugenia, Daniel, Eva y Clara.

FP-4-1